ON NE PRÊTE PAS
QU'AUX RICHES

La Banquière de l'espoir, Albin Michel, 1994.
La Place des invisibles, Lattès, 2004.
participation au livre d'Anne Hirsch

www.editions.jclattes.fr

Maria Nowak

ON NE PRÊTE PAS QU'AUX RICHES

La révolution du microcrédit

JC Lattès

17, rue Jacob 75006 Paris

À Moussa et ses frères
À tous ceux qui leur ont fait confiance

Sommaire

II. La réalité

III. Les enjeux et les perspectives

Introduction

« Nous vivons avec quelques arpents du
passé, les gais mensonges du présent et
la cascade furieuse de l'avenir. »
René Char

« Les hommes sont comme Dieu les a faits, et
même un peu pires », disait Sancho Pança. C'est même
pour cela que notre monde va de progrès en catastrophe et de catastrophe en progrès, rythmés, l'un et
l'autre, par les effets de manche de nos gouvernants
dans les conférences internationales.
De nombreux rapports dissèquent savamment tous
les aspects de la pauvreté. On la définit en termes de
revenu, de consommation par tête, d'espérance de vie à
la naissance, de taux de mortalité infantile, ou de niveau
d'instruction. On calcule le seuil de pauvreté permettant
d'assurer le niveau minimum de nutrition et d'autres
besoins vitaux, l'indice numérique de la pauvreté [1] et son

---

1. Ratio du nombre de pauvres par rapport à l'ensemble de la population.

indice volumétrique [1]. Toutes ces mesures ont leur utilité mais elles tournent autour du problème fondamental : la pauvreté consiste d'abord en un manque de revenu, acquis de façon autonome, respectant la dignité de la personne. Pour la plupart des gens, enfants, personnes âgées et malades mis à part, le revenu est le résultat normal d'une combinaison entre le travail et le capital. Cette combinaison peut prendre des formes diverses. Entre le paysan qui travaille sur son propre lopin de terre et l'ouvrier qui apporte son travail à l'usine, il y a une gamme infinie de variations dans le temps et dans l'espace. Le problème de la pauvreté, qu'il s'agisse des paysans sans terre d'Asie, des petits travailleurs informels des favellas d'Amérique latine ou des exclus des pays industriels, tient, au-delà de mille autres raisons, au manque d'accès au capital.

L'œuvre de Karl Marx a marqué, depuis plus d'un siècle, la pensée politique et économique. Elle a été un formidable instrument de lutte des travailleurs. Mais, depuis l'effondrement du système communiste, le mot « capital » provoque une sorte de retenue. On en parle avec pudeur, ou l'on n'en parle pas. Comme dans la bonne société, on ne discute pas d'argent, on préfère, à propos de la pauvreté, évoquer la santé, la formation et le logement. Ces aspects appellent des mesures sociales, qui ne remettent pas fondamentalement en cause l'inégalité des droits et les privilèges acquis. Il est plus aisé de voir les conséquences que de

---

1. Le transfert qu'il faudrait opérer pour relever le revenu des pauvres au niveau du seuil de pauvreté.

traiter les causes. Il est plus facile de faire la charité que de défendre la justice sociale. Pourtant, si l'on s'intéresse à l'homme, si l'on prône la dignité humaine et le droit au travail, c'est bien du capital qu'il faudrait parler.

L'intérêt du microcrédit est qu'il ouvre l'accès au capital à des millions de gens, sans remettre en cause la distribution actuelle de la richesse et donc sans provoquer l'opposition des nantis. Il permet de partager l'avenir et non le présent. Il n'est pas une recette universelle pour résoudre tous les problèmes de la planète, mais il trace un chemin bien balisé pour réduire la pauvreté et l'exclusion, qui alimentent les guerres et le terrorisme et sont notre honte à tous.

Ce chemin qui mène vers la création d'activité et, à travers elle, vers l'emploi, se perd dans une forêt de mythes, que chaque époque invente pour se justifier. Mais il se fonde sur des données universelles pour ne pas dire élémentaires :

— le respect de l'homme et de sa capacité d'entreprendre,

— la nécessité de combiner travail et capital pour créer de la richesse,

— l'importance de la confiance et de l'échange pour fonder des relations économiques et sociales,

— et aussi le besoin de mettre en accord paroles et actes, pour sortir d'une schizophrénie collective, alimentée par une civilisation d'images.

Tout cela fait partie de la démarche du microcrédit et c'est sans doute pour cela que je m'y suis engagée, depuis bientôt vingt ans. Économiste de développement, faisant, comme on dit, une belle carrière dans la

Coopération française, je me suis engagée, corps et âme, dans la défense de cette cause. J'ai pu ainsi, dans le cadre de la Caisse centrale de coopération économique [1], introduire l'approche de la Grameen bank en Afrique de l'Ouest, lancer les premières opérations de microcrédit en Europe centrale et orientale pour le compte de la Banque mondiale et, parallèlement, recycler en France mon expérience professionnelle en créant et en développant, à titre bénévole, l'Association pour le droit à l'initiative économique (Adie) qui finance et accompagne les chômeurs créateurs d'entreprise.

Trois rencontres ont été à l'origine de cet engagement. J'ai d'abord fait la connaissance de Muhammad Yunus, qui venait de fonder au Bangladesh l'une des premières banques des pauvres. Économiste chevronné, il n'a pas hésité à jeter par-dessus les moulins les raisonnements économétriques et à entrer dans la réalité des villages qui entouraient l'université de Chittagong. Il y a vu les paysans exploités par les usuriers et il a tenté, comme Raiffeisen au XIXᵉ siècle, de mettre en place un système de crédit qui réponde à leurs besoins.

Dans une rue de Ougadougou, j'ai fait connaissance, peu après, d'un petit cireur de chaussures, prénommé Moussa, qui voulait à tout prix brosser mes sandales. Je lui ai demandé :

« Combien tu gagnes ?

— 300 francs CFA [2].

— Et que fais-tu de cet argent ?

---

1. Devenue Agence française de développement (AFD).
2. Moins d'un euro.

— Je garde la moitié pour manger et je donne la moitié à mon patron.

— Qui est ton patron ?

— Le propriétaire de la brosse. »

Ces deux rencontres m'ont amenée à tenter de transférer en Afrique de l'Ouest l'expérience du Bangladesh. Personne n'y croyait, mais cela a marché. Je voulus donc expérimenter la même idée en France – c'était l'époque où l'on instaurait le RMI [1] et je voyais dans le travail indépendant l'une des voies d'insertion possibles – mais aucune association intervenant dans la lutte contre l'exclusion, parmi celles que j'ai contactées, ne l'a pris au sérieux. En désespoir de cause, je suis allée voir Jean-Baptiste de Foucauld, l'un des acteurs majeurs de la lutte contre l'exclusion [2], pour lui demander conseil. Son verdict fut lapidaire : « Faites-le vous-même. »

J'ai trouvé ce conseil assez saugrenu : j'avais trois enfants, un métier qui me faisait beaucoup voyager et je me voyais mal, en plus, mettre en place un système de microcrédit en France. Mais, à la réflexion, il avait raison. Comment demander aux chômeurs de créer leur propre emploi si l'on n'est pas capable de leur ouvrir l'accès au capital ? Alors, avec deux autres bénévoles, j'ai créé l'Adie.

C'est ainsi que je sais, par mon expérience en Afrique, en France et plus tard en Europe centrale, que, non seulement les quelques principes évoqués

---

1. Revenu minimum d'insertion.
2. Jean-Baptiste de Foucauld, Inspecteur des finances et ancien Commissaire au plan, est président de Solidarités nouvelles contre le chômage et auteur de plusieurs livres dont *Les Trois Cultures du développement humain*, Odile Jacob, 2002.

plus haut peuvent être mis en œuvre, à travers une action de microcrédit, mais encore, que les résultats en sont réels et positifs. Le but de ce livre, qui allie enseignements des expériences vécues et réflexions personnelles ou collectives, n'est pas d'être un traité scientifique, ni un manuel technique. Il est de montrer que l'on peut s'appuyer sur le passé pour éclairer l'avenir, casser la frontière entre le social et l'économique, pour le plus grand bien des exclus et des institutions financières et contribuer, chacun à sa mesure, à bâtir un monde où l'argent n'est pas le maître, mais l'outil du développement humain. Vues à travers le prisme du microcrédit, la théorie et la politique économique prennent des couleurs nouvelles. La générosité n'est pas nécessairement naïve, le professionnalisme dénué d'imagination et l'idéalisme incompatible avec le métier de banquier. Finalement Sancho Pança n'est pas dissociable de Don Quichotte. Si les hommes sont comme Dieu les a faits et même un peu pires, ils peuvent aussi être un peu meilleurs. Et cela change tout.

De façon plus précise, le livre se divise en trois parties. Dans la première, j'essaie de démystifier trois concepts – le travail limité au travail salarié, l'État providence et la mondialisation – dont la définition, réductrice ou biaisée, constitue un blocage à l'évolution structurelle de l'économie et à une plus grande égalité des chances. Je tente de montrer comment le microcrédit peut aider à rendre au travail sa part de créativité, faire évoluer l'espace du don vers celui de l'échange, intégrer dans le mouvement de la mondialisation tous ceux qui en sont aujourd'hui exclus.

L'objet de ces premiers chapitres consiste à insérer le microcrédit dans la pensée économique et sociale courante, où il n'a pas encore sa place. La deuxième partie est plus descriptive. Il m'a semblé plus vivant de l'aborder par le biais de mon expérience personnelle, bien que celle-ci ne représente qu'une part infime de l'ensemble. J'essaie d'esquisser une vision historique du mouvement du microcrédit, pour montrer le caractère irrésistible de son ascension, et je donne une idée approximative de son extension actuelle dans le monde.

La troisième partie, enfin, vise à tracer une perspective future des progrès du microcrédit, qui élargit son champ à celui de la microfinance. Ces progrès s'accélèrent sous l'effet de la démonstration des résultats obtenus et de la baisse des coûts de gestion, qui incitent les banques à s'ouvrir progressivement à ce nouveau marché. L'idée d'une véritable démocratisation de la finance entre ainsi dans une phase de « cristallisation » et commence à faire son chemin dans l'opinion publique. Face aux grands risques que court la planète, la microfinance peut, désormais, jouer un rôle important en réconciliant la logique du profit et celle de l'intérêt commun.

Ce livre est, bien évidemment, un livre engagé. Comment pourrait-il en être autrement ? Mais c'est aussi un livre où je prends de la distance par rapport à l'action en m'appuyant sur la pensée des économistes, sociologues, philosophes et poètes qui, sans le savoir, m'ont soutenue tout au long de ces vingt dernières années. Ma propre vie m'a appris à passer les frontières entre pays, cultures et classes sociales. Elle m'a dotée d'un immense scepticisme à l'égard de l'humanité et d'une grande foi en l'homme. Mon espoir est que ce livre contribue à casser les murs de préjugés, qui prennent souvent la forme de murs d'argent. Qu'il illustre la possibilité de conjuguer finance et éthique, économie de marché et lien social. Je sais à quel point un tel but peut paraître présomptueux. Mais je sais aussi que les grandes révolutions se font par petites touches, avant de faire basculer les idées reçues et de marquer profondément le cours de l'Histoire. « Il vaut mieux allumer une chandelle que de maudire l'obscurité », disait Confucius. Je ne fais que suivre son conseil en espérant que d'autres chandelles illumineront le chemin qui conduit vers plus de liberté d'entreprendre, de justice sociale et de solidarité entre les hommes.

I.

Les mythes

1.

Le mythe de la grande entreprise et du travail salarié

« S'il travaille pour toi, tu travailles pour lui. »

Proverbe japonais

De la production de masse à la société des individus

Notre champ de vision est limité. Nous oublions rapidement le passé. Il y a un siècle, à peine, le travail indépendant dominait en Europe et fut pour partie à l'origine de l'industrie. Le grand-père Krupp était un forgeron de village. La proto-industrialisation s'est développée d'abord dans les campagnes. En France, au début du XIXe siècle, le secteur de l'artisanat regroupait 3,2 millions d'ouvriers, soit trois fois plus que d'ouvriers d'industrie [1]. Le mouvement social n'est pas

---

1. Jean-Louis Laville, *Une troisième voie pour le travail*, Desclée De Brouwer, 1999.

né sur le carreau des usines, mais dans les ateliers d'artisans-ouvriers, dont les organisations prônaient la mutualisation des idées et des techniques et souhaitaient maintenir la proximité du capital et du travail. Ces idées de mutualisation à partir de la base, reprises par Philippe Buchez et Charles Fourier, ont été qualifiées par Engels de « socialisme utopiste ». Elles ont été balayées par la vague montante de l'industrialisation et une alliance objective des patrons et des syndicats, que l'idée de la lutte de classes figea dans leurs rôles à la fois opposés et complémentaires. Depuis, notre vision de l'entreprise s'est arrêtée sur l'image du travail à la chaîne, tel qu'il est caricaturé dans *Les Temps modernes* de Charlie Chaplin.

Plus étonnant encore, la prédominance industrielle a été une illusion : effet d'image parmi d'autres, l'économie des pays développés n'a jamais été, et l'est moins encore aujourd'hui, à dominante industrielle. Au début du XXe siècle, l'agriculture et les services constituaient les trois quarts du PIB[1] de la France. Comme le fait remarquer Daniel Cohen, même en Angleterre où l'industrialisation a été la plus forte, la part de l'industrie n'a jamais dépassé 50 % du PIB[2].

Or, en dépit de notre perception statique de l'économie, nous ne vivons plus au cœur de la Révolution industrielle. Nous avons entamé une autre révolution économique, qui donne un rôle plus important à l'individu. La grande entreprise était liée au développement des chemins de fer, qui ouvraient un vaste

---

1. Produit intérieur brut.
2. Daniel Cohen, *La Mondialisation et ses ennemis*, Grasset, 2004.

marché, peu différencié, aux entreprises. Le modèle fordiste consistait à produire en vue d'une consommation de masse en utilisant les progrès techniques de l'époque. Depuis, le paysage a changé. Dans les grands pays développés, les mines de charbon ont fermé, l'industrie a reculé au profit des services, certaines usines ont migré vers des pays où la main-d'œuvre est moins chère. Après l'exode rural, nous découvrons ainsi les zones industrielles en friche et des personnels licenciés, dans le cadre de ce qu'on appelle pudiquement « les plans sociaux ». La délocalisation a transporté une part du travail à la chaîne dans les pays du Sud, notamment en Asie, sans que, là non plus, le modèle industriel soit dominant.

Nous avons aujourd'hui, en Europe, et dans l'ensemble des pays industriels, une économie où les marchés sont plus diversifiés, où l'on n'a plus besoin d'être tous ensemble dans le même hall d'usine. Les nouvelles technologies, qui sont à la fois génériques et combinatoires, permettent de créer une diversité infinie de produits et de communiquer instantanément à travers le globe. Enfin, les services constituent une part prépondérante du produit national : 75 % en France et 85 % aux États-Unis. Tout laisse prévoir le développement des petites entreprises, souvent reliées en réseaux à spécialisation flexible [1], permettant davantage de diversité et de complémentarité face à la demande. Ce modèle est exemplaire en Emilie Romagne (Italie du Nord), qui pourtant, il y a cinquante ans, était une

---

1. La spécialisation flexible est une stratégie d'adaptation permanente au marché, fondée sur un équipement multi usages et une main-d'œuvre qualifiée.

région rurale, touchée par le chômage. Dans cette province, de petites entreprises familiales de confection, tout en travaillant séparément, mettent en commun certaines fonctions. Ainsi un institut de création de mode financé par tous les membres du réseau diffuse auprès d'eux un catalogue des modèles, dans lequel chaque entreprise choisit librement ceux qu'elle souhaite produire sous sa marque. Mais si les modèles d'une entreprise marchent moins bien que ceux de l'autre, la solidarité entre en jeu et la première met sa capacité de production au service de la seconde. Tout le monde y gagne : le consommateur en variété, les entreprises en indépendance et en souplesse. Nous sommes loin du sacro-saint modèle de la grande entreprise, employant des milliers de salariés au service d'une production de masse indifférenciée. Pourtant, celle-ci continue de hanter l'esprit du public, de l'État et des partenaires sociaux. Comme dans *Alice aux pays des merveilles*, le chat a disparu mais, par un effet rémanent, son sourire reste. Il est temps de changer de lunettes et de se projeter dans l'avenir. L'histoire a fait une boucle et les nouvelles technologies de communication offrent une seconde chance aux ouvriers artisans du XIXᵉ siècle, qui souhaitaient combiner directement travail et capital dans des petits ateliers répondant de façon plus diversifiée à la demande de la clientèle.

Le travail indépendant domine dans le monde

De même que nous avons du mal à quitter les modèles du passé, de même nous ne savons pas sortir de notre îlot de prospérité pour voir et comprendre le reste du monde. En dépit de la délocalisation industrielle en Chine ou en Thaïlande, la grande majorité de la population de ces pays, rurale mais aussi urbaine, vit du travail indépendant. La différence ne se situe pas seulement au niveau de la taille de l'unité de production, mais aussi dans le registre de la responsabilité et du risque. Quels que soient les progrès du droit social et de la gouvernance d'entreprise, un salarié français n'a que peu de voix au chapitre en ce qui concerne l'avenir de la société qui l'emploie. Il bénéficie d'une protection sociale garantie par l'État. Un petit paysan d'Afrique ou un petit artisan d'Amérique latine sont seuls responsables de leur sort. Ils doivent faire face à des risques d'autant plus grands que leur existence se déroule à la limite des conditions de survie.

Curieusement, la Déclaration des droits de l'homme de 1948 fait référence à des droits inconnus pour la majeure partie de l'humanité : limitation raisonnable du temps de travail et congés payés, sécurité en cas de chômage, maladie, invalidité, veuvage et vieillesse. Des hommes, par ailleurs remarquables, marqués par le rêve du « Welfare state » de l'après-guerre, ont élaboré des principes totalement ethnocentriques, en fonction de la société dans laquelle ils vivaient. Ils ont simplement occulté la situation de la grande majorité de la population mondiale, c'est-à-dire des hommes et des femmes qui vivent du travail indépendant et qui, dans des conditions d'une précarité extrême, n'ont d'autre forme de protection sociale que celle de leur famille et de leur entourage. Où en est-on un demi-siècle plus tard ? Dans les pays en voie de développement, le travail indépendant est toujours la forme dominante d'organisation de l'économie. Dans les sociétés traditionnelles, la protection du groupe a été partiellement remise en cause par l'invasion de la loi du profit et du modèle de la société de consommation. Dans les pays industrialisés, le travail salarié s'essouffle. Ses formes se diversifient et se rapprochent souvent du travail indépendant. Or, ce dernier, bien que majoritaire dans le monde, n'a pas de statut bien défini. Comme le dit Alain Supiot : « Du concept du droit à l'emploi a surgi une opposition duale, deux types exclusifs de rapport au travail, les employeurs et les salariés. Si vous n'êtes pas salarié, en droit vous êtes considéré comme entrepreneur. Or, l'emploi de soi-même ne peut être assimilé ni au salariat, ni à l'entreprise capitaliste. Il n'existe pas actuellement de véritable statut professionnel correspondant à cette situation [1]. »

Quelle que soit la raison – développement des nouvelles technologies de communication, montée des services, essaimage ou externalisation des fonctions des grandes entreprises – la tendance au développement des petites unités de production semble irréversible. Elle met fin à une extraordinaire parenthèse dans l'histoire universelle : celle où la grande entreprise constituait, dans les pays développés, le seul modèle de référence, occultant tous les autres. Le modèle salarial, combinant travail et protection sociale, est déstabilisé par les conditions de marché et de production actuelles, qui exigent une flexibilité inconnue jusqu'à

---

1. Alain Supiot, « La liberté de travail, bien commun », in *La Revue du Quart Monde*, avril 1998. Voir aussi, *Au-delà de l'emploi*, Flammarion, 1999.

présent. Nous devons chercher des modèles alternatifs combinant la connaissance, la créativité et l'autonomie avec une nouvelle forme de protection sociale, qui reste à inventer.

Sécurité de l'emploi ou liberté créatrice ?

Lorsque j'étais étudiante à Sciences-Po, je lisais avec application les textes de Karl Marx sur l'aliénation des travailleurs : « En quoi consiste l'aliénation dans le travail ? D'abord dans le fait que le travail est extérieur à l'ouvrier, c'est-à-dire qu'il n'appartient pas à son essence, que donc, dans son travail, celui-ci ne s'affirme pas, mais se nie, ne se sent pas à l'aise mais malheureux, ne déploie pas une libre activité physique et intellectuelle, mais mortifie son corps et ruine son esprit. »

N'ayant jamais vu de près ou de loin une usine, je trouvais cette aliénation très théorique. J'ai mieux compris, depuis, cette frustration immense de ne pas avoir une marge d'initiative. Le travail à la chaîne a amputé les salariés de toute forme de liberté créatrice. Il n'est guère possible d'en manifester lorsque votre seule tâche consiste à serrer toujours le même boulon. Aussi, le mouvement ouvrier a concentré ses revendications sur le salaire et la sécurité, besoins légitimes mais qui ne correspondent qu'à une facette des aspirations humaines. Un monde enfermé dans la sécurité est un monde aux volets clos, qui jugule les risques mais aussi les joies de vivre.

L'étouffement du droit à l'initiative économique,

cité de façon explicite, est sévèrement condamné par Jean-Paul II dans l'encyclique *Sollicitudo rei socialis*, parue en 1987. Celle-ci renvoie dos à dos les modèles communiste et capitaliste : « L'expérience nous montre que la négation de ce droit, ou sa limitation au nom d'une prétendue égalité de tous dans la société, réduit, quand elle ne le détruit pas en fait, l'esprit d'initiative, c'est-à-dire la personnalité créative du citoyen. Ce qui en ressort, ce n'est pas une véritable égalité, mais un nivellement par le bas. À la place de l'initiative créatrice, prévalent la passivité, la dépendance et la soumission à l'appareil bureaucratique, lequel, comme l'unique organe d'organisation et de décision – sinon même de la possession – de la totalité des biens et moyens de production –, met tout le monde dans une position de sujétion quasi absolue, semblable à la dépendance traditionnelle de l'ouvrier-prolétaire par rapport au capitalisme. » Texte étonnant, que je viens de découvrir, mais qui m'a peut-être influencée dans le choix du nom de l'Adie.

Comment a-t-on pu abandonner l'idée de la liberté, message de l'Évangile, fondement de la Révolution française, préoccupation majeure du mouvement associatif et du mouvement socialiste à ses origines ? Comment a-t-on pu croire, en dépit des intuitions prémonitoires de Proudhon, que l'État serait une représentation fidèle des aspirations populaires ? Les syndicats qui s'indignaient du paternalisme des patrons ont revendiqué le paternalisme de l'État à un moment de l'histoire où celui-ci représentait l'espoir de la classe ouvrière. Calés sur le modèle industriel, comme s'il était éternel, ils ne songèrent pas que les hommes ont aussi besoin d'entreprendre. Ils ont bradé la liberté de créer, la part de rêve que chacun tente de transformer en réalité. Dans les pays communistes, la logique a été poussée à l'extrême. Toute initiative était interdite en général – et pas seulement dans le travail à la chaîne – en échange d'une sécurité modeste, certes, mais couvrant tous les aspects de la vie : engagement politique, éducation, travail, logement, santé et vacances. C'était le triomphe du Grand Inquisiteur qui, dans *Les Frères Karamazov* de Dostoïevski, explique au Christ revenu sur terre que les hommes ont peur de la liberté. À la chute du régime communiste, l'on s'aperçoit, avec bonheur, que la créativité ne meurt pas : les ouvriers des « kombinats » sont devenus entrepreneurs. La nécessité faisant loi, ils ont été les premiers à comprendre, bien avant leurs dirigeants, que le monde ancien était fini. Lorsque les entreprises d'État, sans les licencier, arrêtèrent de payer leur salaire, ils ont bien été obligés de chercher d'autres sources de revenu, pendant que la direction s'accrochait désespérément à ses privilèges. Je me souviens de cet ouvrier d'une grande usine de Bosnie qui me disait : « Eux, ils peuvent vivre. Il y a suffisamment de biens à détourner. Mais nous ? Il faut bien qu'on nourrisse nos enfants. J'ai toujours rêvé d'être apiculteur. Je le suis devenu maintenant. Nous savons tous que l'usine ne se relèvera pas. » Prolétaires trahis de tous les pays, unissez-vous ! Cet homme faisait exactement la même chose qu'un autre ouvrier dans le Nord-Pas-de-Calais : mécanicien dans une grande usine, il avait perdu son travail dans le cadre d'un plan social. Il emprunta à l'Adie de quoi acheter un véhicule utilitaire et y installa son atelier ambulant. Il va d'usine en usine offrant ses services en travailleur indépendant à plusieurs clients. Le problème aujourd'hui n'est pas de choisir entre un libéralisme sauvage et un socialisme étatique. Il est de trouver le juste équilibre entre les deux aspirations à la liberté d'entreprendre et à la protection sociale. Les minima sociaux ne sont pas la seule solution au chômage de longue durée. L'emploi à temps partagé pour les travailleurs salariés ou la création de son propre emploi sont des voies nouvelles à suivre. Le droit à l'initiative économique, c'est la reconnaissance de cette étincelle de créativité que chacun porte en soi à la naissance et que la société laisse souvent s'éteindre. Il est sans doute la réponse la plus humaine et la plus forte au drame de l'exclusion.

L'économie a quitté la cité

Cette vision de l'économie déconnectée de la réalité humaine est due aussi aux économistes. En prétendant devenir une science, l'économie a subi une triple évolution. D'abord, elle a largement abandonné l'observation de la société pour s'orienter vers des approches mathématiques et modélisatrices. Dès le début du XIXᵉ siècle, Jeremy Bentham introduit, dans *Le Calcul de félicité*, l'idée que les hommes fonctionnent comme des machines à faire des profits et à minimiser les pertes. Francis Edgeworth développe cette idée dans un livre au titre tout aussi provocateur de *Psychologie mathématique*, publié en 1881, qui donne une vision algébrique de l'activité humaine. À la même époque, Léon Walras jette les bases de l'analyse mathématique des marchés[1]. Alors que les premiers économistes, d'Adam Smith à Alfred Marshall en passant par Karl Marx, lient l'étude économique au contexte historique et à l'analyse sociale, l'économie s'engouffre dans la brèche ouverte par Walras et subordonne les faits aux théories, en dépit des cris d'alarme de grands esprits comme Léontieff[2]. Elle devient ainsi une science de plus en plus mathématique, très éloignée du quotidien des hommes.

Or, un modèle, si sophistiqué soit-il, ne peut rendre compte de la complexité du réel. La preuve évidente en est l'incapacité des économistes de prévoir les cycles économiques et de proposer des politiques adéquates qui, *in fine*, se décident largement en fonction des options politiques. L'absence des choix clairs des dirigeants, ce qu'Emmanuel Todd appelle « la pensée zéro[3] », qui accompagne les événements sans essayer d'orienter le jeu économique, ajoute une couche d'inefficacité aux politiques mises en œuvre. Aucun conseiller économique n'a su faire mieux que Joseph qui vit, dans son rêve, sept vaches maigres succéder aux sept vaches grasses et conseilla au Pharaon de stocker des vivres pour les années de disette. Aucun responsable politique n'a su, non plus, faire mieux que le Pharaon pour éviter la crise.

Ensuite, et c'est sans doute plus grave, l'économie,

---

1. Robert L. Heilbroner, *Les Grands Économistes*, 1953, traduction française, Seuil, 1971.

2. Herman E. Daly and John B. Cobb Jr, *For the common good*, Beacon, 1989.

3. Emmanuel Todd, *L'Illusion économique*, Gallimard, 1998.

qui s'est construite en même temps que le capitalisme, est fondée sur la séparation avec le social. Patrick Viveret l'explique avec beaucoup de clarté : la pensée économique, toutes tendances confondues, qu'elle soit néo-classique, libérale ou marxiste, est fondée sur l'étude des biens rares. L'air, l'eau et tout ce qui appartient à l'ordre humain ne sont pas considérés comme tels. D'où l'incapacité des économistes de raisonner à partir de l'homme, ou d'intégrer dans leur démarche, de façon satisfaisante, les coûts écologiques. Les économistes se sont bien aperçus que certains effets ne pouvaient être pris en compte, dans le seul cadre des transactions du marché. Ils leur ont donné le nom évocateur d'externalités. Celles-ci sont une sorte de béquille permettant d'ajuster la réalité au modèle abstrait du marché. Ils sont aussi l'aveu de l'incapacité des économistes de raisonner à partir du concret et de reconnaître l'importance des biens communs à l'humanité. Comme le pointent H.E. Daly et J.B. Cobb, la théorie économique axée exclusivement sur le marché ressemble à l'astronomie de Ptolémée, pour qui le système céleste autour de la terre était à la fois concentrique et uniforme. Comme cela ne correspondait pas à l'observation astronomique, il inventa les épicycles, qui corrigeaient les anomalies constatées. Il a fallu attendre Copernic et Kepler pour reconnaître que les orbites des planètes autour du soleil étaient elliptiques et leur mouvement non uniforme. Autant l'ajustement par externalités pouvait avoir un sens, lorsque celles-ci étaient faibles, autant, dans le monde actuel, où le poids relatif des externalités devient de plus en plus important par suite d'une tension croissante entre

population et ressources, cet ajustement fausse le raisonnement économique dans son ensemble [1]. Ce raisonnement est en contradiction avec le principe de
Pascal : « Je ne peux pas comprendre le tout, si je ne
comprends pas les parties et je ne peux pas comprendre
les parties si je ne connais pas le tout. » Il appartient à
un mode de pensée fragmenté et cloisonné, alors que la
réalité est interactive. Le capitalisme, qui n'a pas de
vision sociale propre, n'a fait que renforcer la tendance
des économistes à réduire leur réflexion au modèle du
marché. Il laisse à l'État le soin de prendre en charge la
casse humaine, sans essayer de la prévenir. En acceptant
une vision tronquée de la réalité, la pensée économique
ne se donne pas les moyens de l'améliorer.

Enfin, l'économie qui se prétend une science suit
des courants de pensée – pour ne pas dire des modes –
qui varient suivant l'époque. Au grand engouement
pour l'État, personnifiant l'intérêt général, succède
une confiance tout aussi excessive dans le secteur privé.
Il suffirait d'un regard sur l'histoire, ou d'une évaluation impartiale de la situation internationale, pour
constater que chacune des options poussée à ses limites
conduit à des dérives. L'intérêt général est souvent
bafoué par le secteur public, tout comme l'intérêt privé
peut être destructeur de richesses.

Pour les petits acteurs économiques, tous les courants ont tendance à se rejoindre, dans la mesure où
ils les ignorent ou les écrasent. Le travail et le capital
sont traités en économie comme des agrégats qui se
combinent grâce à l'intervention d'êtres à part, appelés

1. Herman E. Daly and John B. Cobb Jr, *For the common good*, Beacon, 1989.

entrepreneurs ou managers. Comment imaginer que les travailleurs, qui ne sont que des fractions de l'agrégat travail, pourraient, eux-mêmes, avoir la capacité d'entreprendre ? Mais ces millions de paysans qui survivent sur un lopin de terre, ces millions de petits commerçants et d'artisans qui peuplent les casbahs de l'Afrique du Nord ou les favellas d'Amérique latine, ne seraient-ils pas des entrepreneurs ? S'ils ne l'étaient pas, ils seraient morts depuis longtemps ! Les Auvergnats qui émigraient vers Paris, depuis des siècles, pour vendre de la limonade dans la rue avant de monter leurs bistrots, n'étaient-ils pas des entrepreneurs ? Bien sûr que si. Ceux qui, il y a cent ans, émigraient vers l'Amérique et ceux qui nous arrivent aujourd'hui des pays pauvres, créant des activités économiques à partir de rien, le sont tous. Le drame est que personne ne les voit, car la réalité est trop touffue et l'esprit humain trop étroit pour qu'on perçoive autre chose que ce qu'on cherche. Les hommes d'affaires qui traversent un quartier populaire en pensant au CAC 40 n'ont aucune chance d'y voir le fourmillement des petites activités : le marchand de marrons, le coursier, la dame qui fait le toilettage des chiens, le marchand des quatre saisons, le magasin vidéo, le snack, la coiffeuse à domicile qui n'a pas de vitrine et trouve ses clients par téléphone. Ceux qui rêvent aux entreprises innovantes ne verront pas les voitures utilitaires sans nom de société, les volets fermés des ateliers, tout ce secteur informel, qui tiers mondise l'économie des pays riches et dont on préfère ne pas parler.

Le Figaro de Beaumarchais poussait ce cri, quelques années avant la Révolution française : « Perdu dans la foule obscure, il m'a fallu déployer plus de science et de calculs, pour subsister seulement, qu'on en a mis depuis cent ans pour gouverner toutes les Espagnes.» Le cri n'a pas perdu de son actualité. La première équation qu'on apprend en économie est « travail + capital = création de richesse». Mais aucun manuel ne dit que cette combinaison est figée une fois pour toutes. Une fois libérée du modèle unique et exclusif des « Temps Modernes», l'entreprise peut prendre toutes les formes et toutes les dimensions. Encore faut-il redécouvrir cette vérité essentielle, que chaque homme peut créer de la richesse, mais qu'il ne peut le faire sans accès au capital.

Comme toutes les époques de transition, celle que nous vivons actuellement en Europe attise les inquiétudes des travailleurs. La sécurité d'être employé pendant toute sa vie professionnelle dans la même usine n'existe plus. Alors on propose, à juste titre, la formation tout au long de la carrière. Mais on n'ose pas miser sur l'accès au capital qui pourtant peut, lui aussi, ouvrir une seconde chance. Près de 20 % des créateurs financés par l'Adie savent à peine lire et écrire. Une grande partie des travailleurs du secteur informel des pays pauvres sont illettrés. La formation vient trop tard, pour beaucoup d'entre eux, mais ils sont toujours capables de mener des activités économiques, si on leur ouvre accès au crédit. Est-ce parce que, depuis la chute du communisme, le mot « capital» est trop banalisé pour qu'on ose encore lui accorder de l'importance ? Est-ce parce que la classe ouvrière ne s'est pas encore affranchie du regard réducteur porté sur ses membres depuis la révolution industrielle ?

2.

Le mythe de l'État providence

« L'infaillible façon de tuer un homme,
c'est de le payer pour être chômeur ».

Félix Leclerc

L'histoire se répète

En lisant le journal, le matin, j'ai l'impression de relire une page d'histoire. Celle caractérisée par Cioran : « L'histoire est l'ironie en marche, les ricanements de l'Esprit à travers les hommes et les événements. Aujourd'hui triomphe telle croyance, demain, vaincue elle sera honnie et remplacée : ceux qui y ont cru la suivront dans sa défaite. Vient ensuite une autre génération, l'ancienne croyance de nouveau en vigueur, ses monuments démolis sont reconstitués, en attendant qu'ils périssent derechef. »

Protection sociale ? Elle fait partie de toutes les religions. Dès le VIᵉ siècle avant J-C, les Juifs pratiquaient la dîme au bénéfice des pauvres, des veuves et des orphelins. Le zahkat, l'un des cinq piliers de l'Islam, instauré au VIᵉ siècle, ressemblait beaucoup à la dîme : les fidèles devaient donner chaque année un dixième de leur production et 2,5 % de leur richesse aux plus démunis. Au Moyen Âge, la même dîme était demandée par l'Église catholique pour pouvoir distribuer l'aumône, mais aussi pour entretenir le clergé et pour bâtir les cathédrales[1]. Il suffit de lire les Cahiers des états généraux pour constater à quel point l'usage de la dîme a été dévoyé par le clergé à son bénéfice propre. N'empêche. La protection sociale gérée directement par les fidèles était assurée de tout temps et la faiblesse de son coût, cathédrales comprises, fait rêver, si on le compare aux prélèvements sociaux d'aujourd'hui. Nous parlons du RMI ? Les caisses des pauvres existaient déjà au Moyen Âge. En 1597, à Vitré, les personnes en difficulté recevaient une pension hebdomadaire des citoyens plus aisés[2]. Nous évoquons le « droit de vivre » réclamé par certains ? La loi sur les pauvres, dite la « loi de Speenhamland », introduite en Angleterre en 1795, garantissait à tout travailleur un revenu minimum indexé sur le prix de la miche de pain. Destinée à protéger les pauvres, elle poussa, en fait, les employeurs à les sous-payer et enleva toute motivation aux employés pour travailler mieux ou plus. Expulsion des immigrés et charters vers le Mali ? C'était le rôle des « chassegueux » de chasser des villes les mendiants qui n'appartenaient pas à la paroisse,

---

1. Robert J. Shiller, *The New Financial Order*, Princeton University Press, 2003.
2. Georges Minois, *Nouvelle Histoire de la Bretagne*, Fayard, 1992.

« les fainéants », « les gens de néant ». Il n'est que juste que la mondialisation élargisse aujourd'hui les frontières de la paroisse. Quartiers en difficulté ? On n'enferme plus les pauvres dans les hôpitaux généraux ou dans les « workhouses » décrits par Dickens. Mais, quand même, on préfère les tenir à distance, dans les quartiers périphériques comme en France, ou, au contraire, dans le centre, que les « gens bien » abandonnent pour s'installer dans des quartiers résidentiels à l'extérieur des villes, comme c'est le cas aux États-Unis.

Du Moyen Âge à la fin de l'Ancien Régime, les vagabonds, qui ont généralement un petit métier – colporteur, saisonnier agricole, manœuvre ou domestique – mais sont obligés de se déplacer pour trouver un gagne-pain, sont traités « d'inutiles au monde ». Ils sont pourchassés, soumis au travail forcé, déportés aux colonies « pour purger le Royaume de sa gueuserie », ou pendus haut et court[1]. Aujourd'hui, ceux qu'on appelle « les surnuméraires » sont simplement exclus. Ce n'est plus une mort physique, mais une mort sociale.

Depuis des siècles, nos politiques à l'égard des pauvres oscillent, ainsi, entre « la violence et la pitié »[2]. Les mêmes causes produisant les mêmes effets, la charité dans sa forme paternaliste ne change pas la condition des personnes démunies, mais ceux qui la pratiquent s'en lassent et passent à la répression. Quant aux pauvres eux-mêmes, soit ils se laissent détruire par

---

1. Robert Castel, *Métamorphoses de la question sociale*, Fayard, 1995.
2. Bronislaw Geremek, *La Violence et la pitié*, 1978, traduction française, Gallimard, 1986.

la dépendance, soit ils se révoltent. Dans le premier cas, cela donne une classe de travailleurs humainement dégradée, comme la décrit Karl Polanyi [1], classe qui se fait laminer par l'industrialisation montante jusqu'à ce que l'organisation des syndicats, en 1870, rétablisse un meilleur rapport des forces. Dans le second, le sentiment d'injustice s'exprime par la violence. Les bandes de pillards qui couraient les campagnes pendant les périodes de disette précédant, notamment, la Révolution française se réincarnent, aujourd'hui, en jeunes de banlieue qui brûlent des voitures ou pire, en terroristes qui tuent, non pour manger, mais pour venger ceux qui ont été humiliés.

La naissance et l'extension de l'État providence

Dans la société traditionnelle, la sécurité était fondée sur le lien social. La rupture de ce lien, sous l'effet de l'exode rural et de la montée du capitalisme, créa deux situations opposées : pour les uns, la sécurité était incarnée dans la propriété, dont l'état de droit se portait garant, pour les autres, elle n'existait plus, sous aucune forme. Elle fut reconquise par les travailleurs sous la forme de l'État providence. Comme l'explique Jean-Louis Laville, l'État providence, dans sa composante chômage, est né, virtuellement en 1867, le jour où fut instituée la société de capitaux, donnant la priorité au capital sur l'homme [2]. Alors que l'organi-

---

1. Karl Polanyi, *La Grande Transformation*, Gallimard, 1944.
2. Jean-Louis Laville, *Une troisième voie pour le travail*, Desclée De Brouwer, 1999.

sation du travail avait été la question majeure de la première moitié du XIXe siècle, culminant avec la Révolution de 1848, le gouvernement provisoire de Louis Blanc et les États Généraux du Travail, c'est le capital qui portera désormais la responsabilité de l'activité économique. Il a été clair, à partir de ce moment-là, que l'homme était dorénavant subordonné au capital, et devenait la variable d'ajustement de l'économie capitaliste. Il fallait, par conséquent, que les pouvoirs publics prennent en charge ceux qui étaient laissés au bord de la route. Le travail à la chaîne ne permettant pas de développer la créativité des travailleurs, toute l'action des syndicats s'est portée sur l'augmentation des salaires et l'obtention de la sécurité sociale maximum : assurances chômage, santé et vieillesse. L'État providence connut ses premiers balbutiements sous Bismarck et fut institué, en tant que tel, par Lord Beveridge après la Seconde Guerre mondiale [1]. La rivalité avec le communisme, quelles que soient les perversions propres à ce dernier, inspirait et motivait le capitalisme. À l'est comme à l'ouest de l'Europe, cette organisation reposait sur les mêmes prémisses : l'idée que l'État peut mettre en place une régulation plus juste que celle du marché et assurer une véritable sécurité sociale des citoyens, c'est-à-dire un ensemble de droits et de protections, attachés, non plus à la propriété, mais au statut même du travailleur. À l'est, l'économie planifiée s'est effondrée, suite à ses propres

---

1. La Prusse mit en place, dans les années 1880, un système d'assurances sociales dans lequel les prestations étaient la contrepartie des cotisations. L'État providence du Lord Beveridge fournissait des prestations identiques à tous les citoyens et était financé par l'impôt. Nous sommes, aujourd'hui, en France, dans un système mixte, mi-assuranciel, mi-étatique.

excès. Elle a pourri de l'intérieur, par ses lourdeurs, sa bureaucratie, ses arbitrages contraires au bon sens économique. L'énorme baudruche de l'État, gonflée démesurément, a tout bonnement éclaté et la transition vers l'économie de marché fut aussi douloureuse pour la majorité de la population que les débuts du capitalisme. À l'ouest, le statut salarial est en train de s'effriter sous la pression des nouvelles mutations économiques. La protection sociale s'essouffle à courir après des besoins qui ne cessent de croître. À une autre échelle et dans un registre moins dramatique que dans les pays en transition, l'État providence, affaibli par l'évolution démographique, le ralentissement de la croissance, la montée du chômage et la mobilité des capitaux, est aujourd'hui victime de ses propres ambitions. Pour partager la richesse, il faut d'abord la créer, ce qui est particulièrement ardu dans une situation où un nombre de plus en plus faible de travailleurs porte un nombre croissant d'inactifs. La majeure partie des dépenses pour l'emploi des États européens sont des dépenses passives[1]. Non seulement le poids devient insupportable, mais encore ceux qui sont pris en charge deviennent objets des politiques sociales, et non plus sujets de leur propre destin. Ballottés d'un guichet à l'autre, submergés de papiers administratifs, ils doivent, en plus, écouter les conseils et les jugements des employés qui tiennent leur vie en otage et qui, sans même s'en rendre compte, minent leur estime de soi et leur confiance dans l'avenir. Quelle que soit la qualité propre des travailleurs sociaux ils

---

1. Pierre Rosanvallon, *La Nouvelle Question sociale*, Seuil, 1995.

sont, eux aussi, prisonniers d'un système bâti sur la dépendance.

Intervenant dans les pays du tiers-monde, j'ai cru longtemps que la bureaucratie paralysante était l'apanage des États sous-développés. J'ai formulé, sans hésiter, dans mes rapports mille recommandations pour libérer l'initiative des petits producteurs. En France, en me lançant dans la lutte contre l'exclusion, j'ai découvert que cette bureaucratie stérile était le reflet de la nôtre.

Travaillant en Europe centrale dans les années 1990, dans le cadre de la Banque mondiale, j'avais le sentiment de voir l'histoire en marche : l'économie de marché naissait sous nos yeux, en dépit de la résistance des intérêts acquis et du prix social à payer, en termes de chômage et de pauvreté. Mais parfois, en prenant du recul, j'avais aussi le sentiment que nous, les conseillers d'un ordre nouveau, n'appliquions pas les préceptes que nous tentions d'inculquer à nos interlocuteurs. Réduire leur administration ? Mais en France, le secteur public emploie plus de 25 % de la population active. Réduire les entraves au bon fonctionnement du marché ? Mais notre agriculture est fondée sur un système de subventions. Transformer la sécurité de l'emploi, si inutile et mal payé soit-il, en un simple filet de protection qui ne permet pas de survivre ? Mais nous ne le ferions jamais passer chez nous !

On me disait : « La différence est que nous sommes plus riches qu'eux. Nous pouvons nous payer un État providence qu'ils ne sont plus en mesure de financer. » Ce n'est pas un argument satisfaisant du point de vue éthique, mais c'est surtout un argument faux. Dans une France vieillissante, où la population active rétrécit comme une peau de chagrin, laisser au chômage des hommes et des femmes en âge et en capacité de travailler est une aberration économique et sociale. Un être humain est fait pour créer, pour laisser sur cette terre, à la fin de sa vie, une trace, si tenue soit-elle, d'avoir contribué au bien commun. Un homme n'est pas fait pour vivre dans la dépendance de l'aide sociale sous le regard méprisant de ses concitoyens. « Le RMI, c'est comme une étoile jaune », me disait un chômeur qui tentait désespérément de développer une activité dont le libellé n'existait pas dans les cases de l'administration. « Il nous exclut de la collectivité. Il rend insupportable le regard des autres. » Plus prosaïquement, au bout de deux ans d'inactivité, les compétences professionnelles se dégradent, les repères de la vie quotidienne s'estompent et les portes, qui se ferment les unes après les autres, entraînent une disparition totale de confiance en soi. Le chômage ne se traduit pas seulement par une baisse de revenus, le salaire étant compensé en partie par les indemnités de chômage ou des transferts sociaux. Il consiste, aussi, dans la perte de ce que John Rawls appelle les « biens premiers », définis comme « les droits, les libertés, les opportunités, et les bases sociales de l'estime de soi[1] ». Comme ce fut le cas dans le passé, une sourde rumeur monte de partout pour traiter les allocataires des minima sociaux de fainéants. Faiseurs de néant, ils ne le sont pas tout à fait, car il est impossible de se nourrir

---

1. John Rawls, *Théorie de la justice.*

et de se loger avec le seul RMI et beaucoup font des petits boulots, au noir, pour survivre. Mais « inutiles au monde », oui. Pas encore persécutés, mais mis à l'écart, souffrant d'un apartheid de fait. Comment pourraient-ils retrouver une activité officielle dans une économie bridée de toutes parts par des réglementations dont la complexité n'est même plus maîtrisée par ceux qui la créent, où la sécurité du revenu, qu'il s'agisse de l'emploi ou du minimum social, est devenue la valeur suprême, quel que soit son niveau souvent misérable ? Comme le pointe Amartya Sen : « On a du mal à ne pas ressentir de la gêne, dès que l'on compare le discours social européen, qui s'acharne à promouvoir une plus grande autonomie des individus et l'absence de politique mise en œuvre pour réduire le niveau intolérable du chômage, lequel rend très difficile une telle autonomie [1]. »

Les effets pervers

Le système de protection sociale a été mis en place, en France comme dans la plupart des autres pays européens, dans une période de plein emploi. Depuis, la situation a radicalement changé : le chômage s'est développé, le vieillissement de la population a imposé de nouvelles charges, le déficit budgétaire s'est creusé et la mondialisation de la finance a déstabilisé l'État, sans pour autant réduire son appareil.

---

1. Amartya Sen, *Un nouveau modèle économique*, 1999, traduction française, Odile Jacob, 2000.

Le défaut majeur de l'État providence est de ne pas se placer dans une logique dynamique de création de richesse, mais dans une logique passive de réparation des dégâts. Le système ne peut qu'encourager les entreprises à se défausser sans trop de scrupules sur la collectivité, en leur faisant oublier que ce sont elles, en fin de compte, qui porteront avec l'ensemble des citoyens la charge des inactifs. Frédéric Bastiat, amateur de sophismes économiques, le disait déjà en 1848 : « Tout le monde veut vivre aux dépens de l'État. On oublie que c'est l'État qui vit aux dépens de tout le monde.» Cette charge d'inactifs, personne n'est vraiment capable de l'évaluer puisque, en dehors des coûts directs — l'assistance apportée aux exclus du marché du travail —, elle comprend des coûts d'administration considérables et des frais non moins considérables de pathologie sociale, qui prennent la forme de maladie, de dépression ou de violence. À 500 ou 800 euros, la journée d'hôpital ou de prison, la charge devient très vite gigantesque.

Au-delà de cette séparation artificielle entre l'économique et le social — les entreprises qui cherchent leur rentabilité sans trop se préoccuper de la casse humaine, et l'État qui joue le rôle de soutien réparateur sans trop se préoccuper de la prévention du chômage — les autres effets pervers de l'État providence, nous les connaissons.

Le premier est qu'il n'encourage pas l'initiative et le mouvement. De même que la vie se construit à travers les risques que l'on prend à chaque étape, depuis les premiers pas de l'enfant, jusqu'au repos éternel, une économie ne se développe pas en cultivant la sécurité. Une société a non seulement un devoir de solidarité à l'égard de ses membres, elle a aussi l'obligation de favoriser leur initiative, sans laquelle sa propre survie devient problématique.

« Douces rigidités », qui ont fait « perdre le sens de la vie aux pays riches », disait Alfred Sauvy. D'un côté, « l'artisan ou le chef d'une petite entreprise recherche avec d'autant plus d'attention la stabilité, même à un niveau plus bas, que la loi a multiplié les difficultés de licenciement de personnel ». De l'autre, « le salarié recherche de moins en moins un travail et de plus en plus un emploi, ce qui le conduit à refuser toujours davantage, le travail occasionnel ou intermittent, sauf, bien entendu, lorsqu'il vient en complément d'un emploi régulier. Cette double rigidité a pour conséquence la permanence d'un nombre élevé de personnes sans emploi, qui eût jadis été insoutenable [1] ».

Le deuxième effet pervers est qu'il tue la solidarité des citoyens entre eux. Le poids des prélèvements obligatoires fait que l'on se sent dispensé du devoir de fraternité, qui brille pourtant en lettres d'or sur les frontons de nos mairies. Or, en dehors de la protection sociale, qui se traduit par une multitude de dispositifs que peu de gens sont capables de maîtriser, l'insertion des exclus ne peut se faire sans le soutien de la communauté la plus proche. Un coup de fil pour utiliser son réseau de connaissances, un conseil au bon moment, un soutien amical pour éclairer un horizon noir de nuages, ont parfois plus d'efficacité que l'aide anonyme de l'État.

---

1. Alfred Sauvy, *Le Travail noir et l'économie de demain*, Calmann-Lévy, 1984.

Le troisième effet pervers enfin est que l'État providence crée une administration pléthorique qui, par nature, ne peut que vouloir se perpétuer et surprotéger ceux qu'elle gère. L'État centralisateur s'appuie sur une bureaucratie qui emploie une grande partie de ses forces à se coordonner elle-même. Dans une ambiance générale de sécurité à tout prix, il est difficile de demander à l'administration de limiter ses effectifs. Difficile aussi de lui demander de ne pas produire ce qui est la production normale d'une administration : des lois, des décrets, des règlements, des circulaires. Maladie universelle : le rêve de ne plus utiliser ses bras pour travailler, mais celui d'être un travailleur en col blanc, qui dit aux autres ce qu'ils doivent faire ! C'est ainsi qu'en France, où le travail manuel n'est pas valorisé, il manque 300 000 travailleurs dans le bâtiment. On pourrait aisément en enlever autant dans certaines administrations sans réduire, en rien, le sacro-saint « service public » dont l'évocation sert de bouclier à toute réforme.

Abeilles ou frelons ?

La fable des abeilles et des frelons, écrite en 1819 par Saint-Simon, dont la vie et la pensée se situent à la frontière du libéralisme et du socialisme naissant, lui valut d'être cité, puis acquitté en cour d'assises. Cet homme de transition assimile les élites sociales de l'Ancien Régime à des frelons et voit les forces vives de la nation dans ceux qui entreprennent et créent de la richesse. Dans son esprit, les oisifs, vivant

« noblement » ou « bourgeoisement », exploitent les « vingt-quatre vingt-cinquièmes de la nation » composés de travailleurs. « L'art de gouverner [...] est réduit à donner aux frelons la plus forte partie du miel prélevée sur les abeilles. » Il voit la société comme « le monde renversé », où « la Nation a admis une fois pour toutes que les pauvres devaient être généreux à l'égard des riches ». La pensée de Saint-Simon, homme des Lumières, est d'une actualité troublante dans notre époque de transition entre l'économie de masse et celle des individus, où le socialisme et le libéralisme économique, longtemps opposés, pourraient enfin se rejoindre.

Qui sont les frelons d'aujourd'hui ? Le paradoxe est que ceux qui vivent aux frais de la Nation n'appartiennent pas seulement à la fonction publique, la nouvelle noblesse d'État, dont les effectifs se sont multipliés au-delà du raisonnable. Ce ne sont pas non plus, uniquement, les spéculateurs de la bulle financière, qui ont remplacé les rentiers de la propriété terrienne. On trouve aussi entre eux les laissés-pour-compte de l'économie de marché. Des frelons contraints, en quelque sorte, que l'on empêche de se transformer en abeilles en leur refusant le droit au travail et le droit d'entreprendre, qui sont tous les deux, pourtant, des droits fondamentaux. Si, comme nous l'avons vu plus haut, il n'y a pas de figure imposée pour combiner travail et capital, si chaque homme porte en lui l'étincelle de créativité, tomber dans la nasse de l'État providence n'est pas la seule solution pour ceux qui n'ont plus de place dans l'appareil de production. Tous ne seront pas capables de ranimer la petite flamme éteinte par des années de mépris, refoulée parmi les interdits que l'on s'impose à soi-même. Mais beaucoup le font, et le nombre de chômeurs créateurs d'entreprise en témoigne.

En fin de compte la proposition résumée dans les schémas ci-dessous est simple. Plutôt que faire tomber, indistinctement, tous les exclus du marché de travail dans les dispositifs de protection sociale, il faut permettre à ceux qui en ont la volonté et la capacité de créer leur propre emploi en leur ouvrant accès au capital.

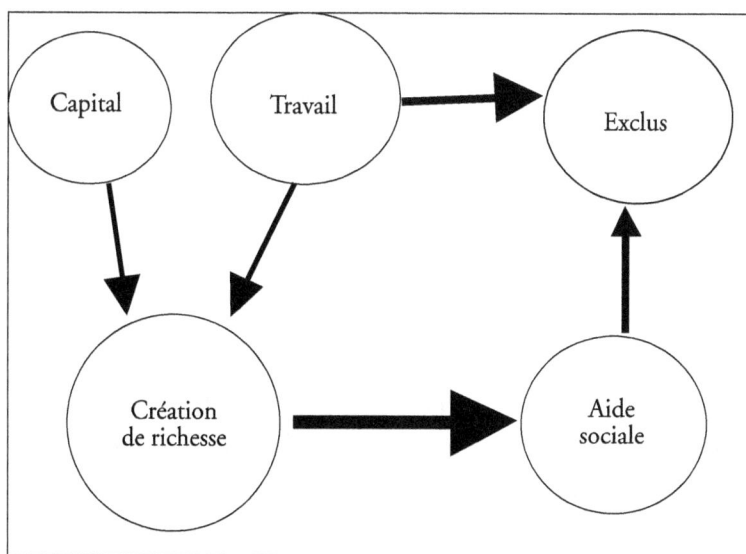

L'État providence prend soin des laissés-pour-compte de l'économie de marché.

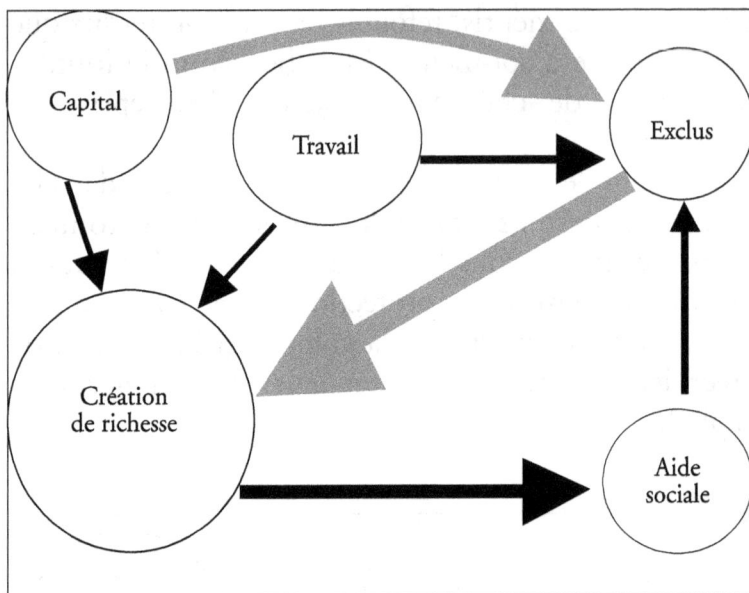

L'accès au capital permet aux exclus de participer
à la création de richesse.

Entre le travail salarié et la protection sociale de
longue durée dont tous ne peuvent pas bénéficier,
le microcrédit offre une troisième voie, permettant
aux exclus de devenir créateurs de richesse. En se
développant au-delà des limites raisonnables, l'aide
sociale participe à la spirale de l'exclusion et à la
démoralisation de l'ensemble des travailleurs. Ironie
du sort, Pierre Laroque, un des pères fondateurs de
la Sécurité sociale en France, avait sur elle un jugement très sévère : « L'assistance avilit intellectuelle-
ment et moralement, en déshabituant l'assisté de
l'effort, en le condamnant à croupir dans la misère,
en lui interdisant tout espoir d'élévation dans

l'échelle sociale[1].» Le microcrédit peut être l'un des moyens – pas le seul – pour recréer une société d'inclusion de tous les citoyens. « La grandeur de l'homme est de toujours recréer sa vie, disait Simone Weil. Forger cela même qu'il subit[2].» Au-delà du coût financier et social de l'exclusion, c'est cette grandeur de l'homme qui est, aujourd'hui, en jeu.

Du chômage à l'exclusion

Si chaque société a eu ses « inutiles au monde », l'exclusion est un phénomène relativement récent. Elle a deux causes mécaniques. La première est le baby-boom de l'après-guerre qui eut pour conséquence une augmentation importante de la population active. Entre 1962 et 1996, celle-ci est passée en France de 19,9 millions à 25,6 millions après être restée stationnaire, tout au long de la première moitié du XXᵉ siècle. La seconde est la tertiairisation de l'économie. Non seulement le transfert de la main-d'œuvre pose un problème quantitatif, dans la mesure où l'accroissement de la productivité dans le secteur des services est deux fois plus faible que dans le secteur industriel, ce qui rend difficile l'absorption quantitative des chômeurs, mais encore, l'adaptation qualitative de cette main-d'œuvre n'est pas immédiate. En effet, le secteur des services exige moins de compétences techniques et davantage de capacités humaines de contact et de

---

1. Cité par Robert Castel in *L'Insécurité sociale*, Seuil, 2003.
2. Simone Weil, *La Pesanteur et la grâce*, Plon, 1948.

communication. Ainsi, contrairement aux idées reçues, c'est la désindustrialisation et non la mondialisation qui est la principale responsable des plans sociaux. Face à l'augmentation massive du chômage, les pays industriels ont réagi de façon différente. Aux États-Unis, l'ajustement s'est fait par les salaires. En France, l'arbitrage collectif a été rendu en faveur du sous-emploi. On a préféré maintenir la rémunération de ceux qui avaient un emploi sûr, plutôt que d'ouvrir le marché du travail à un plus grand nombre de chômeurs en assouplissant le SMIC. On a tranché sur la base d'un spectre ancien, l'exploitation des travailleurs, en négligeant la situation actuelle du marché de l'emploi. Le capitalisme avait changé de front, mais ceux qui étaient chargés de contenir ses excès sont restés sur leurs positions anciennes. Cet arbitrage, conséquence et signe du vieillissement de la population et de l'absence de cohésion sociale, a abouti au sacrifice pur et simple d'une partie des travailleurs, et plus particulièrement des moins qualifiés, dont les employeurs n'avaient plus besoin, pour maintenir les avantages acquis des autres. La vision à court terme des entreprises, le manque d'intérêt de la classe politique pour cette énorme injustice sociale et les rigidités administratives ont bloqué toutes les issues autres que celle de l'assistance. Un mode de formation inadapté, quelques baisses de charges sociales, habillées de noms qui changent avec la majorité gouvernementale, la réduction du temps de travail et un système d'aide sociale, qui se referme comme un piège sur les personnes en difficulté, ont créé une économie à plusieurs vitesses : celle, en premier lieu, des salariés appartenant au secteur public, qui bénéficient de tous les avantages de salaire et de sécurité, ceux qui gravitent autour, avec des rémunérations plus faibles et des contrats à durée limitée dans des situations de plus ou moins grande précarité et ceux qui sont carrément exclus du marché du travail. Comme le dit Jacques Généreux, dans un raccourci saisissant : « Nous sommes dans une situation où sept millions de Français ont un emploi à vie et sept millions vivent dans la précarité[1]. »

Si l'exclusion n'est pas seulement un phénomène périphérique, mais le résultat d'une mutation structurelle de l'économie, les remèdes actuels ont peu de chances d'agir. L'espoir des politiques est que la retraite de la génération du baby-boom amorce une baisse de la population active à compter de 2006. Mais cette baisse, mécanique elle aussi, ne résoudra pas le problème de fond. La seule démarche active est la reconnaissance de l'évolution profonde de l'économie et la recherche de voies et moyens qui permettent d'adapter le travail et la protection sociale des travailleurs à ces exigences nouvelles. Notre société de travail collectif évoluant vers une société de travail individuel, plus créatif et plus autonome, l'une des voies pourrait consister à accroître la capacité de « déversement » de l'industrie vers les services, en décentralisant les initiatives, en démultipliant l'imagination créatrice des salariés mais aussi celle des exclus, fondée sur le contact direct avec le marché local et les savoir-faire acquis souvent à travers des parcours de galère.

1. Jacques Généreux, *Introduction à la politique économique*, Seuil, 1999.

La mutation que nous vivons a bien évidemment un coût social : tout le monde ne sera pas capable de retrouver ses marques dans l'économie de demain. Mais le coût social de l'immobilisme est infiniment plus lourd car il ne fait qu'augmenter l'étendue du problème. Pour terminer ce paragraphe sur une note plus optimiste, je voudrais citer ces mots de Hugues de Jouvenel, auxquels j'adhère entièrement : « Peut-être sommes-nous à l'aube d'une ère nouvelle, celle de la pleine activité, qui exigera que nous fassions notre deuil des relations de dépendance (soit je suis salarié, soit je suis assisté) et que nous apprenions l'autonomie et le partenariat [1]. »

Exclusion financière, effet et cause de l'exclusion sociale

Alors qu'en économie, le crédit est considéré comme une forme de monnaie servant de levier au développement et à la croissance, pour les personnes ayant peu de ressources, il est vu d'abord comme une dette. Dans les pays industriels en particulier, où la densité bancaire est forte, le crédit à la consommation est trop facile et souvent agressif vis-à-vis des personnes à faible revenu. Les rêves de possession suscités par une publicité omniprésente se traduisent par une dette excessive, qui peut devenir un facteur d'exclusion. Ce phénomène, bien connu en France à travers les

---

1. Hugues de Jouvenel, « Les perspectives d'emploi », in *Futuribles*, numéro hors série sur « L'an 2000 et après », janvier 1999.

commissions de surendettement, est beaucoup plus accusé dans d'autres pays, comme la Grande-Bretagne, où le démarchage à domicile par des sociétés prêtant à 100 % ou 200 % par an est fréquent. En matière de crédit à la production, la situation est exactement inverse : ce n'est plus la facilité, mais la difficulté d'accès au crédit qui est cause d'exclusion, dans la mesure où elle ne permet pas aux personnes souhaitant créer une activité économique d'avoir accès au capital. Cette difficulté d'emprunter auprès des banques est liée, aussi bien, au manque de fonds propres et de garanties réelles, qu'au plafonnement des taux d'intérêt, qui existe dans certains pays, et plus particulièrement en France. Pour des raisons obscures, le taux d'intérêt aux entreprises est souvent plus réglementé, et maintenu plus bas, que celui du crédit à la consommation. On pourrait penser, pourtant, que les particuliers ont plus besoin de protection légale que les entrepreneurs, qui, par nature, prennent des risques et contractent en toute liberté.

La problématique du crédit s'inscrit dans le cadre plus large de l'exclusion bancaire et financière telle qu'elle est définie par le Centre Walras : « Une personne est en situation d'exclusion bancaire et financière, lorsqu'elle subit un degré d'entrave dans ses pratiques bancaires et financières, qui ne lui permet plus de mener une vie sociale normale dans la société qui est la sienne. » Cette situation d'exclusion ne se limite pas seulement au droit au compte, qui existe en France depuis la Loi contre les exclusions (1998) sans être, pour autant, universellement appliqué. Elle se traduit aussi par l'usage des différents instruments bancaires, qui peut être restreint en fonction de la situation financière des clients et de la présence même des banques dans les quartiers en difficulté ou dans les zones rurales dévitalisées. L'interdiction bancaire, qui légalement ne vise que l'usage des chèques ou de la carte bancaire, entraîne très souvent le refus de prêt ou de découvert et parfois même la fermeture du compte. L'inscription au FICP[1] est, pour beaucoup de banques, une raison suffisante pour refuser tout autre crédit, sans regarder quelles ont été les véritables causes de l'incident. En fin de compte, en France, comme dans le monde, c'est la Poste qui joue un rôle majeur dans les services financiers aux personnes en difficulté, par sa présence dans des zones difficiles et par l'utilisation du livret A comme compte courant.

Si, comme le relève Georges Gloukoviezoff[2], la responsabilité de l'exclusion bancaire est souvent bilatérale, il n'en reste pas moins que cette exclusion peut être une source d'angoisse, d'humiliation et d'exclusion économique et sociale. Les mécanismes légaux, tels que les règles s'appliquant aux ménages surendettés, peuvent se retourner contre leurs bénéficiaires en orientant ceux qui se trouvent dans des situations difficiles vers des sources de crédit ou de revenu illégales.

Pourtant, l'exclusion bancaire n'est pas toujours justifiée. L'expérience de l'Adie, qui sera évoquée plus loin, montre que les personnes en difficulté, y compris les interdits bancaires et les inscrits au FICP (pour

---

1. Ficher des incidents de remboursement de crédit aux particuliers.
2. Georges Gloukoviezoff, L'Exclusion bancaire et financière des particuliers dans le rapport de l'Observatoire de la pauvreté, 2003-2004.

autant que l'incident ne soit pas dû à la mauvaise foi), remboursent les prêts à la création d'entreprises plutôt mieux que les autres clients des banques. De même, l'expérience américaine, décrite plus loin, montre qu'il est possible, et même conforme à l'intérêt du secteur bancaire, d'intervenir dans les quartiers pauvres, pour autant que les services ainsi rendus correspondent aux besoins et contraintes des personnes aux faibles revenus.

Le débat sur le taux d'intérêt

Impossible de parler de l'exclusion financière sans faire le point sur le taux d'intérêt qui, avec l'obligation du remboursement, différencie le crédit du don, mode d'intervention traditionnel de l'État providence. Le débat sur le taux d'intérêt dure depuis des siècles, comme le débat sur le traitement de la pauvreté. L'argent n'est pas un bien comme un autre. Il n'est pas seulement un instrument de valeur et d'échange. La monnaie de coquillages dans les sociétés primitives représentait le lien avec les ancêtres et, par voie de conséquence, symbolisait la vie. Pendant longtemps les religions refusèrent le taux d'intérêt sous prétexte que « le temps appartient à Dieu ». La discussion rebondit au moment de la Réforme. Calvin, le premier, distingua le domaine d'application du don, qui répond au besoin d'une personne en détresse et celui du prêt qui permet de créer de la richesse et dont le gain doit être normalement partagé entre le prêteur et l'entrepreneur. Le débat a été tranché dans un grand nombre de pays, mais pas partout. S'agissant du crédit aux personnes en difficulté, le raisonnement reste marqué par une réaction de charité qui s'arrête souvent au premier terme du choix défini par Calvin. Puisque les emprunteurs sont pauvres, pas question de leur appliquer des taux plus élevés que ceux du marché officiel, même si la distribution du petit crédit coûte plus cher. On oublie le second terme du raisonnement, le partage justifié de la richesse créée grâce au prêt, qui règle le problème sur le plan éthique aussi bien que financier. La logique du don fait passer au second plan celle du marché à laquelle appartient le crédit. Tout le monde sait que l'ajustement de l'offre et de la demande se fait essentiellement à travers le prix. Si le taux d'intérêt est soumis à un plafond légal, l'offre officielle diminue et l'offre informelle explose à des taux véritablement usuraires de 10 % par mois, par semaine et parfois par jour. Dans la plupart des pays en voie de développement l'usure reste un fléau, qui réduit les pauvres en esclavage. Une fois entrés dans la spirale de l'endettement, ils ne sont plus en mesure d'y échapper. Dans les pays développés, elle se cache, sous forme de crédit informel, dans les quartiers en difficulté et trouve mille façons de contourner la loi. Le manque d'accès au crédit pénalise les petites entreprises et plus particulièrement les entreprises en création. Dire : « il n'est pas moral de prêter aux pauvres à un taux plus élevé qu'aux riches » est une phrase pleine d'excellentes intentions mais qui n'engage à rien. Elle donne bonne conscience, mais ne résout pas le problème d'accès au crédit, qui, dans une économie de marché, a forcément un prix.

La conclusion de ce chapitre n'est pas, bien sûr, la remise en cause de la protection sociale. La solidarité est le ciment indispensable de toute la société et doit se manifester à l'égard de ses membres en situation de détresse. La solidarité ne consiste pas cependant à garder tous ceux qui ont connu des difficultés au cours de leur parcours dans la nasse de la protection sociale. Elle doit, au contraire, les aider à retrouver le plus rapidement possible leur autonomie et à prévenir, autant que possible, les situations d'exclusion. L'État providence a été conçu comme un mécanisme de secours mutuel, pas comme un mécanisme de redistribution verticale entre différentes classes de revenus [1].

Les difficultés et dérives d'une caisse mutuelle gérée par l'État ont été décrites au début du XIXe siècle par Frédéric Bastiat. Texte prémonitoire qui se termine par cette vision, ô combien actuelle : « Les ouvriers ne verront plus dans la caisse commune une propriété qu'ils administrent, qu'ils alimentent et dont les limites bornent leurs droits. Peu à peu, ils s'accoutumeront à regarder le secours en cas de maladie ou de chômage, non comme provenant d'un fonds limité, préparé par leur propre prévoyance, mais comme une dette de la Société. Ils n'admettront pas, pour elle, l'impossibilité de payer, et ne seront jamais contents des répartitions. L'État se verra contraint de demander, sans cesse, des subventions au budget. Là, rencontrant

---

1. Pierre Rosanvallon, *La Nouvelle Question sociale*, Seuil, 1995.

l'opposition des commissions de finances, il se trouvera engagé dans des difficultés inextricables. Les abus iront croissant et on reculera le redressement, d'année en année, comme c'est l'usage, jusqu'à ce que vienne le jour d'une explosion. Mais alors, on s'apercevra qu'on est réduit à compter avec une population qui ne sait plus agir par elle-même, qui attend tout d'un ministre, d'un préfet, même la subsistance, et dont les idées sont perverties au point d'avoir perdu jusqu'à la notion du Droit, de la Propriété, de la Liberté et de la Justice. »

De même que l'assurance chômage ne remplace pas une politique de redistribution, de même la politique de redistribution ne peut suppléer à une politique de développement de l'activité économique, génératrice d'emploi. En fait, la richesse accumulée par les plus favorisés, pendant les « trente glorieuses » et la « financiarisation » de l'économie, qui transforme les choix de développement à long terme en choix de profit à court terme, ont rendu le capitalisme moderne beaucoup plus inégalitaire qu'auparavant. Lorsque le taux de croissance moyen est de l'ordre de 3 % et les profits recherchés de l'ordre de 15 %, il faut bien que quelqu'un paie la différence. On sait que ce ne sont pas seulement les travailleurs mais aussi les entreprises, qui disparaissent de la compétition, laissant derrière elles chômage et exclusion. Comme le dit Dominique Strauss-Kahn, dans ce capitalisme dominé par une logique financière et non plus industrielle, « il (le nomadisme des capitaux) revient, en quelque sorte, à transférer le risque financier des actionnaires vers les salariés[1] ». Le problème majeur, au-delà du trou de la protection sociale, est une lutte en amont contre l'exclusion et l'inégalité croissante des chances, qui détruisent les fondements mêmes du pacte républicain. Dans l'éventail des moyens de la politique économique et sociale, dont aucun ne peut, à lui seul, changer la donne, un seul a du mal à se frayer un chemin : c'est une politique d'accès au crédit qui permette aux chômeurs et aux RMIstes de créer en toute responsabilité des activités économiques en cessant d'être simplement objets des politiques sociales.

Lors d'une fête du 1ᵉʳ mai, organisée par l'Adie, en 1999, avec quelques autres associations de lutte contre l'exclusion, sous le nom « Fête du travail, faites des emplois », un des chômeurs présents a eu cette phrase terrible : « Des gens comme moi, il y en a plein qui, un jour peut-être, à force de faire de nous des sans droit, parce que des sans travail et sans salaire, vont décliner. On va peut-être nous exclure jusqu'à devenir des sans devoir. »

---

1. Dominique Strauss-Kahn, « Pour l'égalité réelle », Notes de la Fondation Jean-Jaurès, juillet 2004.

3.

Le mythe de la mondialisation

« On perdrait courage, si l'on n'était
pas soutenu par des idées fausses. »
                                    Fontenelle

Une mondialisation en trompe l'œil

Dans un monde où l'information joue le rôle de miroir déformant, nous sommes habitués à donner aux mots un sens différent de ce qu'ils sont supposés exprimer. Par un jeu de glissements progressifs, nous créons des concepts faux, qui entraînent des raisonnements faux. Il en est ainsi de la « mondialisation », qui laisse croire que le libéralisme, tel qu'il est pratiqué, permet aux facteurs de production que sont le travail et le capital de circuler librement à travers la planète en créant de la richesse au profit de tous. Deux idées inexactes dans une seule phrase. Le libéralisme, dont le sens a été dévoyé, dans des directions différentes des deux côtés de l'Atlantique – il stigmatise, en France, la droite insensible à toute forme de régulation de l'État, et aux États-Unis la gauche qui augmente les impôts et la dépense publique –, défend, en fait, la liberté de chacun ainsi que l'égalité des droits et des chances des individus. Il prône le respect des autres, le rôle de l'État étant, comme le dit Adam Smith, « de protéger autant qu'il est possible, chaque membre de la société de l'injustice ou de l'oppression de tout autre membre ». Nous sommes loin du libéralisme, tel qu'il a été conçu au siècle des Lumières, puisque les plus puissants ne l'appliquent qu'à leur profit. C'est la « liberté du renard dans le poulailler » dénoncée par Engels, qui impose aux pays pauvres des règles du marché que les pays riches sont loin d'appliquer à eux-mêmes.

La mondialisation n'est pas vraiment nouvelle. Le commerce au loin se développe en Europe entre le XIIe et le XIVe siècle. D'après Fernand Braudel : « Très tôt, depuis toujours, ils [les capitalistes] dépassent les limites nationales, s'entendent avec les marchands des places étrangères. Ils ont mille moyens de fausser le jeu en leur faveur, par le maniement du crédit, par le jeu fructueux des bonnes contre les mauvaises mon- naies, les bonnes monnaies d'argent et d'or allant vers les grosses transactions, vers le Capital, les mauvaises de cuivre vers les petits salaires et paiements quoti- diens, donc vers le Travail. Ils ont la supériorité de l'information, de l'intelligence de la culture. [...] C'est par la masse de leurs capitaux que les capitalistes sont à même de préserver leurs privilèges et de se réserver les grandes affaires internationales du temps. D'une part, parce qu'à cette époque de transports très lents, le grand commerce impose de longs délais au roulement des capitaux : il faut des mois, parfois des années, pour que les sommes investies reviennent, grossies de leur bénéfice. D'autre part parce que, généralement, le grand marchand n'utilise pas seulement ses capitaux. Il recourt au crédit, à l'argent des autres. Enfin, les capitaux se déplacent. Dès le XIVᵉ siècle, les archives de Francesco di Marco Datini, marchand de Prato, près de Florence, nous signalent le va-et-vient des lettres de change entre les villes d'Italie et les points chauds du capitalisme européen [1].»

Quelle est la différence par rapport à aujourd'hui ? Le temps s'est raccourci. Grâce au progrès technique, les échanges se font de manière instantanée. Les montants financiers qui peuvent circuler en une seconde sont de l'ordre de 300 milliards d'euros, six fois les réserves de la Banque de France. Les pertes et les bénéfices sont immédiats et croissent d'autant plus vite, en accentuant les valeurs extrêmes. Mais sur le fond, l'essence du capitalisme n'a pas changé. Il prône toujours le jeu du marché en le faussant au bénéfice de ceux qui détiennent le capital. À quelques détails près, le texte de Braudel pourrait s'appliquer à l'époque actuelle. Le capitalisme financier, dit-il, ne s'affirmera qu'au XIXᵉ siècle « quand la banque saisira tout, l'industrie plus la marchandise, et que l'économie, en général, aura acquis assez de vigueur pour soutenir définitivement cette construc-

---

1. Fernand Braudel, *La Dynamique du capitalisme*, Flammarion, 1985.

tion », mais la globalisation de la finance est déjà là, sous une forme moins évoluée.

La mondialisation a existé, en fait, depuis Marco Polo et Christophe Colomb, mais elle fait un pas en avant décisif avec l'invention des nouveaux instruments financiers. Les valeurs mobilières et la lettre de change détachent la richesse de la terre et la rendent insaisissable. Ils sont, en ce sens, la première étape vers la mondialisation du capital.

Pour le travail, c'est autre chose. Le marché du travail est plus segmenté aujourd'hui qu'il y a cent ans. Entre 1870 et 1914, 100 millions d'hommes avaient quitté le vieux continent pour chercher en Amérique un monde meilleur. Aujourd'hui, chaque îlot de prospérité se défend contre les intrus en érigeant des barrières illusoires à moyen terme, face aux déséquilibres démographiques et à l'inégalité des niveaux de vie [1].

Le simple fait qu'on parle de mondialisation alors que celle-ci touche surtout le grand capital, sous-entend que les milliards de gens qui ne rêvent même pas d'accès à l'Internet parce qu'ils n'ont pas accès à l'eau, à la terre, à l'éducation, au crédit, n'existent pas. L'argent des riches a beau enregistrer des gains instantanés, plus d'un milliard de personnes n'ont pas accès à un prêt de 100 dollars, qui leur permettrait de changer leur sort. Le temps ni l'argent ne sont pas les

---

1. D'après le rapport de la Banque mondiale, « Globalization, growth and poverty » de décembre 2001, la part de la population immigrée dans les pays d'accueil est passée au cours de cent dernières années de 10 % à 2 % de la population mondiale. Pendant la même période la population des pays riches a considérablement vieilli, pendant que celle des pays en voie de développement s'est accrue. Au Japon et en Europe, le ratio de la population active par rapport aux retraités va passer de 5 à 1 en 2001 à 3 à 1 en 2005, justifiant ainsi, a priori, une augmentation de l'immigration.

mêmes pour tous. Un dicton latino-américain dit : « Les pauvres ont beaucoup d'idées, qu'ils emportent dans leur tombe » et c'est assez hallucinant de penser, qu'au XXIᵉ siècle, les souhaits des uns peuvent faire le tour du monde et se réaliser en temps réel, tandis que ceux des autres ne peuvent sortir du domaine du rêve avant d'être enterrés avec leur promoteur. La mondialisation ne fait qu'effleurer, en fait, la réalité de l'économie mondiale. Focalisée sur la circulation des capitaux appartenant aux grandes banques et aux entreprises transnationales, elle exclut celle des milliards d'hommes qui luttent pour survivre et qui, s'ils sont touchés par les effets du marché international, n'ont pas accès aux ressources, qui leur permettraient d'y jouer un rôle plus actif. D'un côté la spéculation fait évader une partie de la monnaie, crédit compris, vers ce qu'on appelle « bulle financière », de l'autre son absence ralentit les échanges et bloque l'activité de la plus grande partie de l'humanité. Le commerce équitable traite les résultats, en aval de cette inégalité fondamentale, en essayant d'augmenter le prix payé au producteur. L'accès au crédit est un moyen de la combattre en amont, en donnant aux acteurs économiques la possibilité de participer au processus de la production.

La pauvreté et l'inégalité des chances

Globalement, le monde s'enrichit. La croissance mondiale – pratiquement nulle pendant le premier millénaire de l'ère chrétienne – passe à 0,5 % par an entre le XVIe et le XIXe siècle pour exploser dans les pays industriels à 2,5 % par an au cours des deux derniers siècles[1]. Avec la reconnaissance du prêt à intérêt, l'argent change de nature. Le crédit, gagé sur l'avenir, devient un formidable outil de développement. Au cours du XXe siècle, le PIB mondial par tête croît de 360 à 5 120 dollars. Comme toutes les moyennes, ce dernier chiffre cache un écart vertigineux, entre les pays pauvres où il ne dépasse pas 430 dollars et celui des pays riches 60 fois plus élevé. L'écart devient plus grand encore, si l'on prend en compte les inégalités à l'intérieur de chaque pays, puisque le revenu des 5 % des personnes les plus riches de la planète est 114 fois supérieur à celui des 5 % les plus pauvres[2]. Le gain instantané d'un initié peut représenter une année de RMI pour 300 personnes, ou une année de revenu pour 2 000 paysans du Bangladesh. Lorsqu'une société accepte de telles injustices, nous sommes tous coupables du délit d'initié.

Peut-on parler de mondialisation alors que plus d'un milliard d'hommes ne vivent qu'avec un dollar par jour et que la moitié de l'humanité ne dispose pas de 2 dollars par personne et par jour ? Certes, au cours des vingt dernières années, on a vu des progrès spectaculaires réalisés par la Chine, mais le nombre de pauvres a doublé en Afrique et augmenté sensiblement au Moyen-Orient et en Amérique latine, ainsi que dans les pays post-communistes où la transition vers

---

1. Angus Maddison, *Économie mondiale, une perspective millénaire*, OCDE.
2. Le rapport mondial sur le développement humain 2002, Programme des Nations unies pour le développement (PNUD).

l'économie de marché a creusé l'écart entre ceux qui ont su en tirer parti et les autres.

On parle de mondialisation, mais le monde devient de plus en plus fragmenté car, si la croissance contribue à la réduction de la pauvreté, elle n'a pas nécessairement les mêmes effets pour les uns et les autres. Tout se passe comme si les nations suivaient le même processus d'enrichissement ou d'exclusion que les individus. L'épargne mondiale est attirée par les pays riches et l'écart entre le montant de l'investissement réalisé au Nord et au Sud ne fait qu'amplifier les disparités. L'efficacité de l'investissement, par rapport à son coût, peut elle-même être très différente d'un pays à l'autre par suite des différences de prix de transport, de la corruption ou de l'emprise de la bureaucratie. Elle est particulièrement faible en Afrique, qui cumule tous les désavantages.

Lorsque je me suis lancée dans le développement, on parlait du « décollage » des pays pauvres, en pensant qu'il suffisait d'un transfert de technologie et d'un peu de capital pour y arriver. La réalité a été tout autre. En Afrique, la coopération d'État à État a enrichi l'élite gouvernante mais pas le peuple, l'assistance technique a bloqué l'ascension des cadres locaux, les projets pharaoniques ont absorbé une part importante des ressources sans apporter les gains escomptés. En Amérique latine, l'inégalité économique est une donnée historique qui remonte à la « Conquista ». Les pays riches comme l'Argentine ou le Brésil ont mis longtemps à reconnaître la pauvreté d'une large partie de leur population. Il a fallu que la dernière grande crise n'épargne personne, pour que les élites prennent conscience de la pauvreté et commencent à la combattre de façon plus énergique. Le développement est, par essence, un changement systémique. Il repose sur une combinaison, chaque fois unique, de facteurs humains et matériels. Mais ce sont les capacités des hommes qui déterminent l'absorption du capital et pas l'inverse. Il est important, de ce fait, de ne pas les ignorer et de les juger à leur juste mesure. En Afrique, les paysans qui représentent la grande majorité de la population ne participent pas au développement, faute, entre autres, d'accès au crédit. Ainsi s'accentue le déséquilibre le plus grave : celui qui sépare les hommes qui ont un avenir de ceux qui n'en ont pas. Avec le progrès des technologies et l'extension de l'économie de marché, les biens traditionnellement gratuits, tels que l'eau et le feu, ont désormais un coût. La vague de paupérisation qui a touché l'Europe au XIXᵉ siècle touche de nombreuses populations du tiers-monde, où l'économie traditionnelle se défait sans que l'économie moderne ait trouvé son assise. Cette inégalité n'est pas seulement un obstacle à la cohésion sociale nationale et internationale. Elle est aussi un frein à la croissance. Aucun pays ne peut se développer en mettant entre parenthèses une partie de sa force productive. Partie minoritaire dans les pays riches, ou majoritaire, dans les pays pauvres, le problème se pose d'une façon similaire, même si l'ampleur des effets n'est pas la même. C'est au contraire cette marée de paysans sans terre, de petits entrepreneurs sans capital, de jeunes sans avenir, qui pourrait devenir le moteur de développement de la planète, si elle avait accès au crédit.

Imaginez un moment que l'Afrique, au lieu de régresser, se développe. Vous gommez famine, guerres civiles et migrations et vous mettez en place un énorme marché lié au pôle de développement européen. Imaginez qu'au lieu de dériver vers le chômage et la violence, les quartiers en difficulté rentrent dans l'économie nationale. C'est un jeu gagnant/gagnant où chacun trouve son profit. Le pacte républicain n'est pas compatible avec l'exclusion. En France, mais pas seulement, il s'applique de moins en moins aux classes dites populaires. À ceux qui ont un boulot oui, mais pas aux autres. Devrons-nous changer de pacte ou éliminer la discrimination croissante à l'égard des exclus ?

Le dualisme financier aggrave le dualisme économique

On évoque souvent l'évolution de la sphère financière qui la conduit à se déconnecter de l'économie réelle. On note plus rarement que cette situation a son pendant : une large partie de l'économie réelle, portée par 3 milliards d'hommes, la moitié de la population mondiale, vit sans accès aux services financiers de base, qu'il s'agisse d'épargne ou de crédit. C'est une situation complètement anachronique et absurde au moment où les transactions financières dans le monde représentent cinquante fois les transactions commerciales. L'écart entre le montant moyen du crédit par habitant varie de 1 en Afrique à 200 ou 300 dans les pays développés, soit un écart 3 à 5 fois plus grand que celui des PIB. Le crédit étant créateur de richesse, cet écart montre que l'inégalité présente n'est rien, à comparer avec celle qui risque de se produire dans le futur.

Le dualisme financier contribue largement à l'aggravation du dualisme économique, porteur de déséquilibres et de conflits, tant sur le plan national qu'international. Il constitue un frein évident à la croissance, en limitant le marché et en sous-utilisant un immense potentiel de travail. En 1850, l'écart de productivité entre un paysan africain travaillant à la houe et un paysan européen pratiquant la culture attelée était de 1 à 5. Aujourd'hui, cet écart entre l'agriculture traditionnelle africaine et l'agriculture intensive et subventionnée en Europe est de 1 à 200. Comment réduire les écarts de productivité agricole entre le continent noir et l'Europe si l'on ne peut financer les semences, les engrais, les équipements, les aménagements fonciers ? Comment développer une microentreprise, quand on n'a pas de crédit pour acheter l'équipement de base ou financer le fonds de roulement ? Les effets du manque d'accès au crédit vont bien au-delà de la productivité. Le temps consacré à des tâches qui pourraient être accomplies beaucoup plus vite est pris sur le temps social, mais aussi, et surtout, sur celui des enfants. S'indigner du travail des enfants n'a pas de sens si l'on n'est pas en mesure de les nourrir. Lorsque je m'inquiétais, en Albanie, de ne pas voir les enfants à l'école, les paysans me répondirent : « Du temps du régime communiste, ils pouvaient y aller, parce qu'on avait des tracteurs pour travailler. Maintenant on fait tout à la main. Il faut que les enfants nous aident, pour survivre. » Le secteur informel non agricole, qui regroupe tous ceux qui mènent de petites activités génératrices de revenus sans être enregistrées, représente entre un quart et un tiers de la population active en Amérique latine. Le travail au noir sous toutes ses formes est évalué entre 10 et 15 % du PIB des pays industriels[1]. Les coûts de création d'emploi dans le secteur informel sont faibles et, d'après les rares enquêtes effectuées, notamment en Afrique du Nord, la valeur ajoutée par tête n'est pas trop éloignée de celle du secteur moderne.

Or, cette économie urbaine informelle qui, avec l'agriculture traditionnelle, fait vivre une large partie de la population mondiale fonctionne sans autre accès au crédit que celui des usuriers à 10 % par semaine ou par mois et des tontines, dont les capacités sont limitées.

Le dualisme financier est à la fois antiéconomique et antisocial. La pratique habituelle (prêter en fonction des garanties réelles, et donc de la richesse acquise, au lieu de miser sur la richesse future) a pour effet de renforcer la concentration des biens, plutôt que d'améliorer l'allocation des ressources dans l'économie. Elle freine le développement local, ancré dans la réalité et fondé sur les capacités entrepreneuriales de la population. Or, ce type d'évolution où le revenu des uns crée, dans un cadre de proximité, le débouché des autres est le pendant nécessaire de la mondialisation.

---

1. Le travail au noir comprend trois catégories très différentes : les petites activités indépendantes, génératrices de revenu, le travail salarié clandestin et les activités illégales ou criminelles comme le trafic de drogue. Le secteur informel ne recouvre que la première catégorie.

Les deux grandes évolutions de l'économie réelle – nous l'avons vu plus haut [1] – sont la montée des services et l'émergence de nouveaux modes de production. Avec le travail des femmes, l'augmentation de la durée de vie et l'accroissement du temps libre, les services aux ménages dans les pays industriels ont connu une croissance spectaculaire, tout comme les services aux entreprises liés à l'externalisation des fonctions secondaires. Du coup, la part des services dans le PIB des pays industriels est passée de 60 % environ à 80 % au cours des vingt dernières années. Parallèlement, des nouveaux modes de production sont apparus, fondés sur des petites unités à spécialisation flexible, exigeant des capacités de gestion et de financement limitées. Dans une perspective de croissance démographique et d'exode rural dans les pays du Sud, mais aussi de la transition des pays de l'Est et du chômage de l'Ouest de l'Europe, ces tendances doivent être exploitées. Elles permettraient de réaliser la vraie mondialisation, celle qui ne serait pas limitée à une petite minorité d'élus mais qui toucherait tous les habitants de la planète. Le système financier qui bloque l'évolution de l'économie traditionnelle et informelle en ne la prenant pas en compte pourrait alors devenir un extraordinaire instrument de développement.

Les limites de l'aide

Critiquée pour ses résultats, peu soutenue par l'opinion publique, l'aide de la plupart des pays riches

---

1. Voir chapitre 1 : De la production de masse à la société des individus.

aux pays pauvres diminue. Elle a atteint, en 2002, 58 milliards de dollars et se situe bien en dessous des 0,7 % du PIB des pays donateurs, niveau décidé par l'Assemblée générale des Nations unies en 1970. Pour 17 pays membres du Comité d'aide au développement sur 22, elle est inférieure à 0,5 %. Elle reposait, jusqu'aux années 1990, sur quatre piliers : lutte d'influence politique entre l'Est et l'Ouest, sentiment de solidarité nourri par le passé colonial, refinancement de la dette et intérêt commercial se manifestant par une garantie de parts de marché dans les pays pauvres et le démantèlement de leurs protections tarifaires imposées par les institutions internationales dans le cadre des plans d'ajustement structurel, en contrepartie de l'aide accordée. Cette analyse sans concession est faite par Pierre Jacquet, chef économiste de l'Agence française de développement, organisme d'aide bilatérale, qui exprime en même temps l'espoir que, dans un contexte de mondialisation et de fin de guerre froide, l'Aide publique au développement retrouvera son sens premier pour participer à la lutte contre la pauvreté, la stabilité internationale et la préservation des « biens globaux » tels que le climat, la lutte contre les pandémies ou la préservation de la biodiversité[1].

Il n'est pas sûr que ce vœu soit exaucé, les stratégies pétrolières ayant remplacé la confrontation politique des grandes puissances. Mais, même si cet espoir se réalisait, le poids de l'aide resterait faible d'autant

---

1. Pierre Jacquet : « Pour une refondation de l'aide au développement », Le Monde, 3 septembre 2002.

plus que son flux revient pour une part non négligeable sous forme d'achats d'équipements et de salaires d'experts, vers les pays émetteurs. Pour les pays en voie de développement, l'aide ne correspond qu'à une petite partie du service de la dette, forme moderne du tribut que l'Empire romain faisait, autrefois, payer aux barbares [1]. Il est déjà remarquable de constater que l'investissement étranger représente 2,5 fois le montant de l'aide et atteste d'une certaine intégration des pays du Sud dans l'économie mondiale, favorisée, il est vrai, par la baisse des taux d'intérêt dans les pays développés. Mais il faut ajouter que le flux qui vient immédiatement après l'investissement direct étranger est celui des transferts, en provenance des travailleurs expatriés, vers leur pays d'origine, dont le montant, de l'ordre de 93 milliards en 2003, est lui aussi largement supérieur à celui de l'aide. Ainsi, en dépit d'une phraséologie abondante, la réalité est que les pays en voie de développement doivent compter d'abord sur eux-mêmes.

La faiblesse de l'aide est moins inadmissible dans une économie de marché que les discriminations commerciales. Les pays en voie de développement se heurtent, en effet, aux barrières douanières, érigées par les pays industrialisés. D'après le Rapport du PNUD sur le développement humain, 2002 : « Un habitant pauvre d'un pays en voie de développement, vendant ses produits sur le marché mondial, est confronté à des barrières douanières deux fois plus élevées qu'un

---

1. D'après le Rapport du PNUD sur le développement humain, 2002, l'aide représentait, en 2000, 10 % du service de la dette.

travailleur habitant dans un pays riche. » En même temps, les habitants des pays du Sud doivent faire face à la concurrence des produits agricoles des pays développés, soutenus par leurs gouvernements respectifs. En effet, si 70 % des personnes pauvres dans le monde vivent dans les zones rurales du Sud et dépendent directement ou indirectement de l'agriculture, 70 % du commerce mondial des produits agricoles a pour origine les pays riches. Les subventions à l'agriculture des pays industriels totalisent environ 1 milliard de dollars par jour, soit plus de 6 fois le montant global de l'aide. Toujours d'après le Rapport du PNUD, « le manque à gagner que ces barrières et subventions représentent pour les pays en développement, en termes d'exportations, est supérieur aux 56 milliards de dollars d'aide qu'ils reçoivent chaque année ». Le soutien des pays riches à leur propre agriculture est non seulement très supérieur à l'aide qu'ils accordent au tiers-monde, il est aussi dévastateur pour l'agriculture des pays pauvres. Il ne leur permet pas de trouver leur place sur le marché international, et il détruit l'agriculture vivrière traditionnelle, en poussant les paysans vers les villes où ils ne trouvent pas, pour autant, d'emploi alternatif.

L'aide alimentaire, conçue non pas comme une aide d'urgence, indispensable dans des situations de famine, mais comme une façon d'écouler les excédents alimentaires des pays riches, aggrave encore la situation dans la mesure où elle ignore et détruit les ressources d'approvisionnement locales qui, avec une organisation appropriée, seraient en mesure d'y répondre. Comble d'absurdité, le soutien des pays développés à leur propre agriculture, justifié officiellement par la nécessité d'assurer la survie des petites exploitations, ne satisfait pas non plus leurs propres agriculteurs. D'un côté, il privilégie les grandes exploitations, dont le pouvoir de pression est plus important, de l'autre il incite les acheteurs des produits agricoles que sont les grossistes et les industries de transformation d'un secteur agroindustriel très concentré, à baisser le prix au producteur. Il reste aux petits exploitants le goût amer d'avoir perdu leur liberté en devenant les agents d'une administration lointaine, et aux contribuables le sentiment de financer une dépense dont l'utilité est plus que douteuse.

Pour compléter le tableau, la comparaison aide / dépenses militaires est tout aussi édifiante : les dépenses d'armement dans le monde, y compris dans les pays en voie de développement, représentent 900 milliards par an, soit seize fois le montant de l'Aide publique au développement [1]. Comme au temps de la colonisation, où la rhétorique sur le « fardeau de l'homme blanc » recouvrait l'exploitation des colonies, le discours sur la liberté des échanges et l'aide au développement recouvre des politiques déterminées par des rapports de force : les décisions de l'Organisation mondiale du commerce sont prises par les grandes puissances dans le cadre des réunions du « salon vert » [2], bien qu'officiellement chaque pays dispose d'une voix. De même, près de la moitié des droits de vote à la Banque mondiale et au Fonds monétaire international sont détenus par sept pays [3].

---

1. Chiffres du PNUD.
2. Rapport du PNUD sur le développement humain, 2002.
3. Allemagne, Arabie Saoudite, États-Unis, France, Japon, Royaume-Uni et Russie.

Parmi les objectifs du millénaire du développement approuvés par 189 pays en 2000, le premier consiste à réduire de moitié, d'ici à 2015, le nombre de personnes vivant avec 1 dollar par jour. Même si cet objectif est atteint, ce qui semble peu probable, plus de 900 millions de personnes vivront encore dans l'extrême pauvreté. La diffusion du microcrédit pourrait permettre d'accroître l'activité et le revenu des personnes pauvres avec un coût particulièrement faible.

La croissance de la population active dans les pays pauvres exigerait en fait un transfert de l'épargne mondiale du Nord au Sud. Mais ce transfert se fait surtout en direction des États-Unis, qui financent ainsi leur déficit budgétaire chronique. Même si le flux des capitaux étrangers se ralentit, le pays le plus riche du monde vit à crédit, les fusions des grandes entreprises transnationales sont financées à crédit, alors que les petits acteurs économiques qui forment la majorité de la population mondiale n'y ont pas accès.

Pour un libéralisme à visage humain

Le Petit Prince l'avait compris : il ne sert à rien de dire au soleil de se lever à l'ouest. L'évolution des technologies de communication globalise les marchés. Le problème n'est pas de s'y opposer en allant à contre-sens de l'histoire. Il est d'ouvrir les bénéfices de la mondialisation à tous les acteurs économiques, en jouant le jeu de l'économie de marché, la moins mauvaise de toutes, sans accepter « la société de marché » évoquée par Karl Polanyi. Pourquoi en effet avoir terrassé le monstre de l'économie étatique, si c'est pour le voir remplacé par celui de la multinationale ? Aujourd'hui, le chiffre d'affaires de grandes sociétés transnationales dépasse le PIB de nombreux pays en voie de développement. Le risque de pouvoir incontrôlé est le même que celui des bureaucraties d'État. On a vu ENRON détruire les emplois et l'épargne de milliers de salariés. On voit le commerce inéquitable exploiter à mort les petits producteurs. La solution n'est pas dans le repli sur soi et le retour vers un passé idéalisé. Il est dans un libéralisme à visage humain. Conformément au vœu d'Adam Smith, la protection des petits acteurs contre les abus des grands devrait être assurée par les Pouvoirs publics, sous le contrôle effectif de la société civile. L'égalité des chances serait favorisée par un meilleur accès aux facteurs de production, dont le crédit fait partie. Les grands acteurs économiques étant désormais transnationaux, cette régulation devrait se faire à l'échelle internationale.

Cette évolution est d'autant plus cruciale que l'information a réduit les distances. Chaque jour, nous voyons à la télévision les reportages du bout du monde, qui déversent des images des guerres, des catastrophes et des famines. Tous les jours, en sens inverse, les hommes et les femmes du tiers-monde voient notre richesse, les lumières de nos villes, l'arrogance ou, au mieux, l'ignorance des nantis. Comme le fait remarquer Daniel Cohen[1], la seule mondialisation existant à ce jour est la mondialisation de l'information. Elle diffuse inlassablement dans les pays pauvres et dans

---

1. Daniel Cohen, *La Mondialisation et ses ennemis*, Grasset, 2004.

les quartiers en difficulté les messages de la société de consommation. Elle fait la publicité de tous les biens, que seuls ceux qui gagnent bien leur vie peuvent acheter. On ne peut impunément induire en tentation et refuser, faute de travail et de revenu suffisants, l'accomplissement des désirs suscités. Il est temps désormais d'aller au-delà de cette mondialisation d'images et de passer aux actes.

Le rôle de la microfinance

Dans cette humanisation du libéralisme, le développement du microcrédit peut et doit jouer un rôle important. Nous qui l'avons vécu, nous savons que le capitalisme permet une croissance rapide au prix d'une destruction du lien social. Les pays qui se développent aujourd'hui sont ceux qui arrivent à intégrer la cohésion sociale de l'ordre ancien et la poussée individualiste de l'ordre nouveau, en résistant parfois aux injonctions des institutions internationales. Ouvrir l'accès au crédit à tous les acteurs économiques favorise la réussite personnelle, mais aussi l'égalité des chances et la préservation du capital social. Le microcrédit ne résout pas tous les problèmes du développement : celui du transfert des connaissances et de la productivité globale des facteurs de production, celui des réformes institutionnelles nécessaires, des infrastructures, de la santé, de l'éducation, de l'eau et de la terre pour les paysans Mais, mieux que les grands projets mal adaptés à l'environnement local, il permet de valoriser le travail des pauvres et d'accroître l'égalité des chances. Dans un monde régi par les rapports de force, il donne aux petits producteurs la possibilité de se libérer des usuriers et de mieux résister à la pression abusive des commerçants. Dans les pays développés, il peut être l'une des réponses aux changements structurels de l'économie, qui laissent sur le carreau les travailleurs peu qualifiés. Or, on n'a pas besoin de sortir d'une grande école pour se mettre à son compte. L'esprit d'entreprise est la chose du monde la mieux partagée, et il arrive souvent qu'à l'occasion d'une rupture dans la vie professionnelle les gens aient envie de revenir à des métiers qu'ils n'ont pas pu, pour des raisons diverses, choisir auparavant. On peut ainsi, après avoir travaillé à la chaîne, devenir cordonnier comme son père, ou reprendre une épicerie abandonnée dans un village. Le microcrédit devient l'instrument de cette reconversion.

Enfin, dans tous les pays, riches ou pauvres, où l'administration étouffe l'initiative des citoyens, le microcrédit décentralise le pouvoir économique au bénéfice de tous. Cette décentralisation est importante, car, nous l'avons vu, la solution ne viendra pas de la Providence. Les abus du capitalisme furent corrigés, à l'époque de la révolution industrielle, par l'action des syndicats, les abus du libéralisme en période de mondialisation ne peuvent être corrigés que par une meilleure organisation de ceux qui en sont aujourd'hui exclus. Leur accès au capital est l'une des voies pour y arriver. Le salut des pauvres ne viendra pas des riches sous quelque forme de charité institutionnelle que ce soit. Il viendra de leur autopromotion.

L'autopromotion des pauvres

Qu'il s'agisse des politiques sociales au niveau national ou des politiques de coopération internationale, l'aide seule ne résout pas le problème. L'aide n'a jamais apporté de solution durable au-delà de l'urgence immédiate. Témoin, cette parole d'assisté, recueillie par ATD Quart Monde : « La pauvreté c'est être traité comme rien, moins que rien, et l'accepter. »

L'assistance n'a jamais changé les rapports de pouvoir entre les riches et les pauvres. Elle n'a jamais permis aux plus démunis de gagner décemment leur vie. L'étendue de la misère est telle aujourd'hui que, plus que jamais, aucune mesure d'aide ou de protection sociale ne pourra y faire face. La solution est pour une large part entre les mains de ceux qui en sont les victimes car, en vertu du principe hegelien de la victime et du bourreau, ils sont les seuls à comprendre et à pouvoir changer le système. Pour les exclus des sociétés industrielles ou les laissés-pour-compte des pays en développement, le problème est le même : comment accéder au capital directement dans le cadre d'un emploi indépendant ou indirectement, dans le cadre d'un emploi salarié, pour valoriser leur force de travail ?

Dans les pays industriels, on compte sur la croissance, on parle de réduire la course à la productivité, destructrice d'emplois, qui sacrifie l'homme à la machine. On évoque la lourdeur des charges sociales qui limite la compétitivité des entreprises et les pousse à délocaliser la production. On tente de partager les profits ou le travail, en limitant sa durée. Fondamentalement, les politiques d'emploi ont une panoplie d'outils qui vont de l'allégement des cotisations sociales à la formation permanente en passant par l'impôt négatif ou l'aide aux nouveaux emplois, mais elles ont une seule cible qui est le travail salarié. La création d'entreprises commence, seulement, à intéresser les politiques.

Dans les pays en voie de développement, l'aide alimentaire alterne avec l'aide d'urgence. Les politiques de soutien à l'agriculture des pays riches bloquent le développement de la production agricole locale. L'aide occulte les vrais problèmes d'accès aux marchés et, même si cette tendance s'est affaiblie depuis la chute du mur de Berlin, elle apporte un appui à des gouvernements qui n'ont pas tous pour préoccupation le bien-être des citoyens.

Il n'existe pas, dans l'histoire, d'exemple d'une classe sociale qui aurait abandonné spontanément ses privilèges au bénéfice des plus nécessiteux. Au contraire, les tentatives de réforme d'un État démocratiquement élu ont entraîné dans de nombreux cas, que ce soit en Espagne, au Chili ou au Guatemala, des coups d'État et des reprises en main par les classes privilégiées. Il n'y a guère de différence entre l'interdiction faite aux mendiants d'envahir les villes telle qu'elle existait au Moyen Âge et la réglementation protégeant les pays riches de l'immigration en provenance des pays pauvres. Les changements sociaux se sont toujours construits à travers des modifications des rapports de force. Ces modifications peuvent se faire par la révolution ou par la réforme. Les ouvriers réunis sur les lieux du travail ont la possibilité de se regrouper en syndicats et d'exercer des pressions qui, à la longue, se révèlent efficaces, pour améliorer leur situation. Les exclus sont inorganisés, ce qui crée un risque beaucoup plus grand d'explosion sociale, provoquant la montée des extrémismes. Ils sont concentrés dans les banlieues, mais n'ont accès à aucun outil de travail. Ils n'ont aucun espoir de sortir de leur situation. La seule issue est la dépression ou la violence.

On sait que la population de l'Afrique, qui est aujourd'hui de 200 millions, doublera d'ici vingt ans, alors que celle de l'Europe stagnera. Peut-on imaginer que l'Europe pourra se préserver d'une immigration d'hommes et de femmes chassés de chez eux par la famine ? Personne n'émigre de plein gré – le bannissement était chez les Grecs, la punition suprême – mais personne ne peut empêcher l'attraction d'un monde prospère sur un monde de misère, surtout lorsque le monde prospère a besoin de force de travail.

Qu'il s'agisse des pays pauvres ou des banlieues des pays riches, tous les éléments de l'explosion sont déjà en place. Il suffit d'allumer la mèche et n'importe quel événement peut en donner l'occasion. Il faut bien comprendre qu'à l'instar du prolétaire « qui n'a rien à perdre que ses chaînes », les gens sans espoir n'ont rien à négocier. Le choix est entre la violence qui risque d'exploser brutalement et une alternative de travail et d'intégration dans la société. À défaut de partager le travail, ne faut-il pas fractionner le capital ? C'est la réponse du microcrédit qui se propage à travers tous les continents.

II.

La réalité

1.

D'où vient le microcrédit ?

« Ce qui est déterminant ce n'est pas
ce qu'on regarde, mais d'où on le
regarde. »
                        Teilhard de Chardin.

Les origines du crédit

Certes, le crédit est aussi vieux que le monde. Les historiens situent sa naissance en Babylonie, quelque trois mille quatre cents ans avant Jésus-Christ. Les prêtres du temple d'Ourouk faisaient fructifier les offrandes en consentant des prêts en nature dont la comptabilité était tenue à l'aide de pictogrammes. Il a été pratiqué à toutes les époques et pour toutes les clientèles : le mot banquier vient du banc sur lequel celui-ci opérait au Moyen Âge. Les tontines sont connues depuis des siècles dans des civilisations très différentes. Elles consistent fondamentalement à mutualiser les versements périodiques des membres en les mettant, à tour de rôle, à la disposition de chacun, même si des méthodes de répartition plus sophistiquées sont utilisées dans certains cas.

Plus près de nous, en janvier 1849, Pierre-Joseph Proudhon créait la Banque du peuple, construite autour de trois principes révolutionnaires : la suppression du numéraire, la généralisation de la lettre de change et l'organisation du crédit, considéré comme le lien fédératif de la société civile. La Banque du peuple ne survécut pas à sa conception trop idéaliste et fut liquidée, sept semaines après sa création, à la suite de la condamnation de son fondateur pour insulte au prince Louis Napoléon Bonaparte. Deux idées fortes de Proudhon se retrouveront, cent cinquante ans plus tard, dans le microcrédit : celle que l'accès au capital peut permettre aux travailleurs de mettre en œuvre leur force de travail, sans dépendre nécessairement d'un patron, et celle que le crédit est un puissant lien social.

Plus chanceux, Friedrich-Wilhelm Raiffeisen lança en 1864, en Rhénanie, la première coopérative de crédit, pour lutter contre l'usure qui accablait les paysans. La coopérative avait pour premier but d'offrir des cautions mutuelles aux banques, afin que ses membres puissent avoir accès au crédit. D'autres coopératives se créèrent et évoluèrent vers la collecte de l'épargne pour pouvoir prêter directement à leurs membres. Elles furent à l'origine de toutes les banques mutualistes d'Europe.

Les deux faces du microcrédit

Le microcrédit a deux faces. La première est celle de la justice sociale, qui se traduit par le choix de la population-cible : personnes aux revenus faibles, n'ayant pas accès aux banques, qui empruntent en priorité pour développer une activité économique. Le niveau de pauvreté étant différent d'un pays à l'autre, le montant moyen des prêts est souvent comparé au revenu national par habitant. Plus le ratio est faible, mieux l'objectif de lutte contre la pauvreté est atteint. Ainsi, à titre d'exemple, une institution de microfinance dont le prêt moyen représente 75 % du revenu national par tête est, a priori, plus proche de la cible, que celle dont le ratio est de 250 %. Cet indicateur reste, cependant, très approximatif, dans la mesure où les prêts aux microentreprises existantes, et notamment ceux finançant le fonds de roulement, sont souvent de faible montant et peuvent biaiser le résultat.

La seconde face est la viabilité de l'institution de microcrédit, seule garantie de la pérennité des services apportés aux publics démunis. Un programme de microcrédit, s'il ne couvre pas ses coûts, reste à la merci des politiques versatiles des bailleurs de fonds et peut disparaître à tout instant. Les indicateurs fondamentaux dans ce domaine sont la viabilité opérationnelle[1] et, plus difficile à atteindre, la viabilité

---

1. Les frais opérationnels comprennent essentiellement le coût du risque et les frais de gestion du dispositif.

financière[1]. La viabilité institutionnelle englobe, en dernier, l'ensemble des facteurs : gouvernance, management, ressources humaines, système d'information, stratégie, procédures, audits et contrôles. Toute la difficulté et toute la beauté du concept du microcrédit sont de conjuguer les deux dimensions, sociale et financière, considérées comme contradictoires. Cela n'est possible qu'en se projetant dans l'avenir. Contrairement à toute autre forme de crédit, le microcrédit ne se base pas sur les actifs existants. En accord avec le sens étymologique du mot – crédit vient de *credere*, croire – il se fonde sur la confiance dans les capacités des emprunteurs de créer de la richesse. Mais faire acte de confiance dans l'homme et d'espoir dans l'avenir est difficile lorsqu'on a pris l'habitude de lier les décisions de prêt aux résultats comptables et aux garanties réelles. Non pas que les banquiers manquent d'imagination – ils passent leur temps à prévoir les tendances du marché, à déplacer des millions d'euros d'un bout à l'autre de la planète et à inventer de nouveaux produits – mais spéculer sur la réussite future d'un petit marchand ambulant, qui n'est jamais entré dans leur paysage mental, dépasse leur entendement. Faire du microcrédit est donc, par essence, un exercice d'équilibriste. On ne regarde pas sous ses pieds – c'est forcément le vide – on regarde devant soi, en faisant attention à ne pas trop pencher d'un côté ou de l'autre. Atteindre la cible exige un effort permanent pour ne pas glisser vers la facilité des

---

1. La viabilité financière suppose, en plus, la couverture des frais financiers, liés notamment au coût de la ressource.

prêts de montant plus élevé, dont la marge est généralement plus grande, en oubliant le but social. Couvrir les coûts n'est possible qu'en réduisant les frais opérationnels au maximum, en pratiquant un taux d'intérêt relativement élevé et en atteignant un volume d'opérations suffisant. Alors que bon nombre de projets humanitaires ou de projets de développement tentent d'obtenir le maximum de ressources pour fonctionner, les institutions de microfinance visent, à la fois, un niveau de dépenses suffisant pour mettre en place un système efficace, et des coûts réduits au maximum afin d'assurer la pérennité de l'institution. L'application des principes, à la frontière du social et du financier, soulève des protestations des deux camps : les uns souhaitent garder les actions de lutte contre la pauvreté dans le champ du social seul, quitte à en réduire l'impact ; les autres ne veulent pas polluer la rentabilité financière par aucune autre préoccupation. Tout se passe, comme si la pureté de la démarche et donc la bonne conscience qu'en tire l'acteur responsable comptaient davantage que le résultat. Comme s'il était plus important de préserver l'image professionnelle des financiers et celle des acteurs sociaux que d'intégrer les exclus dans l'économie en rendant au crédit son sens premier.

Autour de ce concept fondamental à deux dimensions, flottent toutes sortes de définitions de circonstance : parfois, l'on étend le mot microcrédit aux prêts aux petites entreprises – c'est le cas de la Commission européenne, qui l'utilise, dans les pays membres, pour les prêts allant jusqu'à 25 000 euros, octroyés en majorité par les banques [1] ; parfois on l'emploie pour du crédit ciblé accordé dans le cadre des projets de développement pour un usage déterminé à l'avance. Le microcrédit fait partie, en France, des « finances solidaires », même si la plupart des institutions qui s'en réclament sont plus orientées vers l'épargne et les apports en fonds propres. Il est l'une des composantes de la « Community finance » en Grande-Bretagne, plus axée sur le développement local. Les institutions de microcrédit à travers le monde s'inscrivent aussi dans l'ensemble plus large des institutions financières de l'économie sociale comprenant, à côté des institutions n'ayant pas le statut bancaire, les banques mutualistes et les coopératives d'épargne crédit. Enfin, elles font partie d'un ensemble, encore plus vaste, des institutions financières alternatives, dont il sera question plus loin et qui englobent, dans certains pays, des banques publiques et la Poste [2].

Le mot microcrédit étant à la mode, il est appliqué par ceux qui ne le connaissent pas directement, à des réalités très différentes. En même temps, comme nous le verrons plus loin, les praticiens du microcrédit ont tendance à étendre le concept à l'ensemble des services financiers, pour répondre à d'autres besoins de la population-cible. Les limites sont floues, mais le cœur du concept ne bouge pas : combinaison entre un besoin social et une logique de viabilité financière. Aussi, le microcrédit reste un mot vivant comme le prouve son histoire depuis trente ans,

---

1. *Le Microcrédit pour la petite entreprise et sa création : combler une lacune du marché,* Commission européenne, Direction générale entreprises, octobre 2003.
2. Voir IIIe partie, chapitre 3 : L'importance des institutions financières alternatives.

telle que je l'ai vue se dérouler à la lumière de mon expérience directe, mais aussi, telle que j'ai essayé de l'appréhender à l'échelle mondiale, à travers les opérations menées par d'autres acteurs.

L'élaboration progressive du concept

Le crédit ciblé des projets de développement agricole
Les mêmes causes produisant les mêmes effets, le microcrédit fut redécouvert dans les années 1970, cent ans après la naissance des coopératives d'épargne crédit initiées par Raiffeisen. Comme toutes les innovations, il émergea des actions menées sur le terrain, des initiatives d'acteurs locaux, prenant par surprise les institutions d'aide qui pratiquaient alors, dans le cadre des projets de développement rural, un crédit agricole, dont tous les paramètres étaient définis par les experts. Ce crédit agricole était, à quelques exceptions près, un désastre. Il consistait à transplanter dans des économies de type traditionnel, où l'agriculture était fondée sur des petites exploitations sans titre de propriété individuelle, un modèle qui avait fait ses preuves dans les pays industrialisés. Pire que cela, puisque les petits paysans étaient considérés comme incultes, c'étaient les agronomes vulgarisateurs qui définissaient l'objet et le montant du prêt. Les paysans n'avaient qu'à s'exécuter.

Pour compléter le tableau, le crédit intégré dans les projets de développement était subventionné. C'était la moindre des choses, puisqu'il était imposé par le projet, financé par l'aide extérieure. Il n'était pas toujours remboursé car, pour des raisons diverses, les objectifs étaient rarement atteints et les paysans ne s'en sentaient pas responsables. Je me souviens d'une opération de crédit au Burkina, dans les années 1960. Elle avait pour but l'introduction de la houe attelée. Cette charrue, très légère, devait remplacer la « daba [1] ». Les paysans ne remboursèrent pas le crédit et pour cause : la culture du mil était une culture vivrière et ne procurait aucun revenu monétaire. Le projet de culture attelée s'arrêta net. Mais, quelques années plus tard, alors que le projet était enterré par les institutions officielles, l'idée fit son chemin à la façon d'une rivière souterraine et resurgit de manière inattendue. Les petites charrettes, qui avaient été introduites en même temps que la houe attelée, apparurent dans les villes, tirées par des ânes. Elles servaient au transport de toutes sortes de denrées et permettaient aux propriétaires de gagner de l'argent. Avec le revenu du transport, beaucoup achetèrent, spontanément, une houe attelée. Le crédit ciblé atteignit son but en faisant un détour par le bon sens paysan. « J'aime les paysans. Ils ne sont pas assez savants pour raisonner de travers », disait Montaigne. Je me réjouissais de penser que, plusieurs siècles plus tard et à des milliers de kilomètres de sa Gascogne natale, il avait toujours raison.

En fin de compte, le crédit ciblé sur des actions définies par les agronomes, sans tenir compte des besoins ressentis par les paysans a été un échec, qui a laissé derrière lui un sillage de doute, dévastateur pour les pauvres. Une fois de plus, on prit l'effet pour la cause.

---

1. Houe africaine.

Personne ne pensa que le mode de crédit était inadapté. Tout le monde crut que les paysans pauvres étaient incapables d'emprunter et de rembourser les prêts.

Le crédit aux microentreprises
À la même époque que le crédit intégré aux projets de développement agricole, les bailleurs de fonds, qui avaient eu, pendant longtemps, une préférence coupable pour les grands projets, sophistiqués et mal adaptés à l'environnement local, les « éléphants blancs, » comme on les appelait à la Banque mondiale, avaient découvert, grâce notamment au livre de Hernando de Soto, *El otro sentero* [1], l'importance du secteur informel, qui représentait plus d'un tiers de l'emploi urbain en Amérique latine. Ils ont donc commencé à monter des programmes de financement des microentreprises. La Banque interaméricaine de développement (BID) était la plus avancée dans ce domaine. Elle a été la première à intégrer l'appui aux microentreprises dans ses procédures habituelles, dépassant le stade des projets ponctuels, pour financer des programmes d'appui nationaux. Elle mettait à la disposition de la Banque centrale une ligne de crédit, qui était ensuite redistribuée aux banques commerciales. Ces dernières prêtaient directement aux microentreprises, généralement présentées par une organisation non gouvernementale, qui assurait des prestations de formation et d'appui à la gestion. Les prêts variaient de 200 dollars pour la création de son

---

1. *L'Autre sentier*, intitulé ainsi par opposition au Sentier lumineux, plaide pour le développement du secteur informel à travers la légalisation des titres de propriété et une simplification de l'environnement administratif.

propre emploi à 20 000 dollars pour une petite entreprise employant quelques salariés. Le taux d'intérêt
réel au client était positif, en règle générale supérieur
de 10 points au taux de l'inflation. Il permettait de
couvrir le coût de l'intermédiation. L'organisation, qui
faisait l'essentiel du travail de terrain, était financée
par une subvention et recevait une petite partie de la
marge bancaire. Le système était finalement très
proche de ce que nous pratiquons actuellement en
France, à ceci près qu'il avait été mis au point par une
institution d'aide, ce qui était assez remarquable,
compte tenu de son éloignement des clients. Il a été
repris plus tard par la BERD[1] et certaines institutions
d'aide bilatérales en Europe de l'Est.

L'USAid[2] s'était engagée dans le crédit aux
microentreprises, peu après la BID, à la suite d'un vote
du Congrès affectant, dès 1988, une petite partie de
l'aide américaine au travail indépendant et limitant le
montant des prêts à 300 dollars. Lors de la conférence
de bailleurs de fonds organisée à Washington cette
même année, nous étions tous persuadés d'être à la
pointe du progrès par rapport à la politique menée
par nos institutions respectives.

Mais, pendant que nous définissions des stratégies
à partir du haut, de modestes acteurs locaux ont commencé à expérimenter des approches nouvelles à partir
de la base et nous nous sommes aperçus, comme pour le
crédit agricole, que les experts internationaux réfléchis-
sant dans le calme de leur bureau ou débattant docte-

---

1. Banque européenne de reconstruction et de développement.
2. L'aide américaine.

ment dans les conférences internationales ne valaient pas une expérimentation menée en milieu réel, où des vrais microentrepreneurs souffraient du manque de crédit, non pas pour faire ce que nous, les experts, leur dirions de faire, mais pour réaliser leur propres projets.

Les principes du microcrédit
C'est ainsi qu'est né le microcrédit et qu'il a tué peu à peu les approches ciblées sur des produits, les actions de vulgarisation agricole mal adaptées au terrain et les programmes d'aide aux microentreprises définis par les fonctionnaires. Il a donné la primauté à l'homme et à sa liberté de choix en entraînant peu à peu les organismes d'aide vers un objectif nouveau de création d'institutions de microfinance, capables de pérenniser les services aux personnes exclues des circuits bancaires.
Qu'y a-t-il de fondamentalement nouveau avec le microcrédit ? Il est toujours fondé sur l'évaluation de la capacité du client et de la faisabilité du projet, sur la réduction du risque et des coûts de gestion. Mais la différence principale, par rapport au crédit classique, est qu'il est orienté sur une cible nouvelle : les pauvres et les exclus. Il reconnaît leurs talents, leurs besoins, et leur capacité de rembourser les prêts. Au lieu de les éliminer, par avance, de la clientèle du crédit parce que les méthodes, les critères, les garanties ne sont pas adaptés à leur situation, il invente des méthodes et des garanties qui leur conviennent. Au lieu de leur imposer l'objet de leur prêt, comme ce fut le cas avec le crédit agricole intégré dans les projets de développement, il est à l'écoute de leurs besoins. Il permet ainsi de découvrir que les gens exclus du crédit bancaire sont, comme

les autres, dotés de l'esprit d'entreprise, de la capacité de jugement et, qu'au surplus, ils remboursent plutôt mieux que les riches. C'est normal. Ils ont davantage besoin d'accès au crédit que ceux qui ont les poches pleines. Ils savent que, s'ils remboursent le premier prêt, ils pourront avoir accès au suivant. Ils sont aussi plus solidaires et tiennent à leur réputation plus que les personnes qui ont pignon sur rue. C'est, en effet, tout ce qu'ils possèdent. Leur réputation et leurs bonnes relations avec les voisins sont leur système de protection sociale. En cas de coup dur, les gens démunis s'entraident. Dans ces conditions, la caution mutuelle, qu'elle soit celle du groupe d'emprunteurs ou celle d'un groupe d'amis, est une caution sûre, même si les garants sont pauvres, eux aussi.

En fin de compte, les méthodes de microcrédit sont bâties sur des principes qui correspondent aux méthodes de marketing, appliquées par les banques et les entreprises. Ces méthodes ne sont pas nouvelles, mais leur application aux personnes en difficulté est une véritable révolution. Voilà des gens qui n'ont jamais été pris en considération, qui ont toujours été regardés de haut, jugés souverainement sans que personne les ait jamais approchés. La justification implicite de cette situation d'exclusion est le mépris qu'on a pour ceux qui n'ont pas réussi. L'idée que c'est leur faute à eux et pas celle du système qui les bloque. La reconnaissance du droit au crédit est une révolution de même type que la libération des esclaves ou le vote des femmes : elle change le regard porté sur une catégorie de population en lui donnant une visibilité inexistante auparavant.

Du coup, les principes appliqués sont assez élémentaires :

• Adaptation des prêts aux besoins du client : montants faibles, procédures simples et délais rapides.

• Système de garantie tenant compte de l'absence de biens et de fonds propres de la population cible. Le système d'incitation est fondé sur des prêts de montants progressifs, sur des groupes d'emprunteurs qui se garantissent mutuellement ou sur des cautions personnelles de l'entourage, qui peuvent être très faibles, mais qui jouent un rôle important de prévention du risque. La relation de confiance entre l'emprunteur et l'agent de crédit joue aussi un rôle essentiel, plus particulièrement dans les pays industriels, où le lien social est distendu et la complexité administrative plus grande. Le conseiller a pour mission d'aider le client à résoudre le problème qui met son activité en péril, ce qui, du même coup, lui permet de rembourser le prêt.

• Recouvrement, adapté, lui aussi, aux caractéristiques de la clientèle, à travers des échéances petites et fréquentes.

• Couverture des coûts par les intérêts, afin d'acquérir, dans un délai relativement court, l'autonomie opérationnelle et financière. Bien que ce principe rencontre souvent des objections, la réalité est que les petits prêts ont un coût trop élevé par rapport à une marge très faible et exigent, par conséquent, une augmentation du taux d'intérêt. Les clients, qui, eux, vivent dans la réalité, préfèrent payer un peu plus cher et avoir accès au crédit plutôt que d'avoir la garantie de taux bas, mais pas de crédit.

Différentes méthodologies du microcrédit

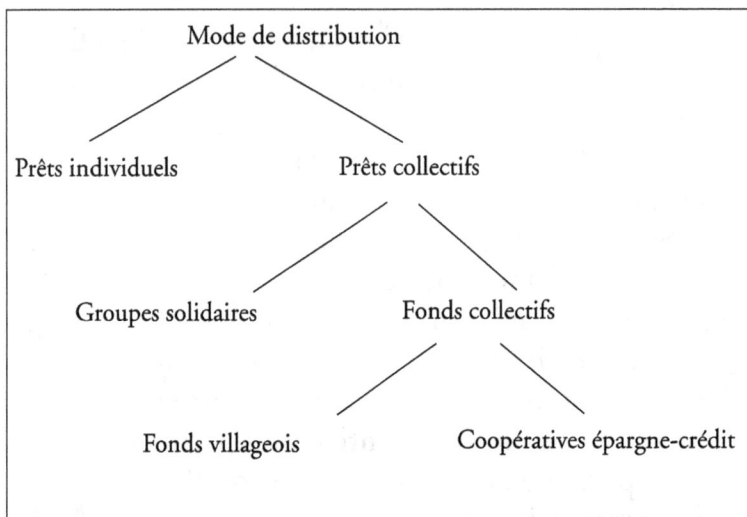

Mode de distribution

Prêts individuels   Prêts collectifs

Groupes solidaires   Fonds collectifs

Fonds villageois   Coopératives épargne-crédit

Sur la base de ces principes, différentes méthodologies ont été élaborées. Elles se divisent, grosso modo, en prêts individuels et prêts de groupe et correspondent à des cibles et à des contextes différents.

En règle générale, les méthodes de crédit de groupe sont utilisées, surtout, pour le développement des activités génératrices de revenu, dans les régions où le tissu social est resté solidaire. Les petits prêts individuels s'appliquent davantage aux microentreprises [1]. Leur point commun reste la double préoccupation d'atteindre une cible inconnue des banques classiques et de couvrir le plus rapidement possible leurs coûts.

---

1. Les activités génératrices de revenu sont des activités traditionnelles ou informelles. Les microentreprises sont généralement enregistrées.

2.

Un parcours initiatique

> « Seuls les mauvais explorateurs disent
> qu'il n'y a pas de terre, lorsqu'ils ne
> voient que la mer. »
>
> Francis Bacon

La Grameen bank [1]

C'est en 1986 que j'ai rencontré Muhammad Yunus, fondateur de la Grameen bank. Professeur d'économétrie à Chittagong, au Bangladesh, il s'était intéressé aux villages qui entouraient son université et, en faisant des enquêtes auprès des paysans, il a découvert, comme jadis Raiffeisen, l'exploitation dont ils faisaient l'objet de la part des usuriers. Une femme qui travaillait toute la journée en fabriquant des chaises

---

1. La Grameen bank signifie la Banque rurale.

en bambou ne gagnait qu'un demi-taka[1], une fois remboursé le prêt ayant servi à l'achat de la matière première, dont le taux pouvait monter jusqu'à 10 % par semaine. N'arrivant pas à convaincre les banques de prêter aux femmes du village, le professeur Yunus sortit de sa poche le petit capital de 10 ou 20 takas dont elles avaient besoin et constata que ses prêts étaient remboursés à 100 %. En 1976, il monta un projet pilote à Jobra avec la banque locale, qui accepta de fournir les fonds, sous réserve que toute la responsabilité opérationnelle soit assurée par le département économique de l'université de Chittagong. Le projet fit tache d'huile. D'autres banques s'y intéressèrent. En 1979, avec l'autorisation de la Banque centrale le projet fut étendu à tout le district de Tangail. En 1983, la Grameen bank fut créée et bénéficia d'un statut spécial, par rapport aux autres banques. Elle fut financée au départ par un prêt de la Banque centrale et du Fonds international de développement agricole (FIDA). Ses seuls clients et membres étaient les paysans pauvres. Plus de 80 % d'entre eux étaient des femmes.

Les méthodes de la Grameen bank avaient fait l'objet d'une longue mise au point et s'adaptaient parfaitement à la situation des zones rurales du Bangladesh. Elles étaient fondées sur une méthodologie de groupe, puisque les femmes se connaissaient toutes dans le village et pouvaient choisir celles avec lesquelles elles s'entendaient le mieux. Le groupe qui comprenait cinq personnes – « comme les cinq doigts de la main »,

---

1. Un taka valait à l'époque 20 centimes.

m'expliquaient les agents de crédit – accordait sa caution solidaire à tous les membres. Si l'une des femmes ne versait pas l'échéance, le groupe devait le faire à sa place, ou était privé de crédit. Les premiers prêts étaient de faible montant, mais celui-ci progressait avec les prêts suivants, créant une incitation au remboursement. Pas de formulaires compliqués, pas de guichets impressionnants. C'étaient les agents de crédit qui se déplaçaient dans les villages, auprès des emprunteurs.

Les prêts individuels étaient plafonnés à 5 000 takas[1] et servaient à financer les activités les plus variées : petit commerce, artisanat, agriculture, pêche, élevage, transport et bien d'autres. Les gens avaient des idées extraordinaires. Lorsque l'inondation retardait le semis, ils semaient le riz sur des radeaux pour pouvoir vendre les plants prêts à repiquer dès que l'eau aurait dégagé les terres. Dans ce pays aux mille rivières, l'irrigation était indispensable mais, bien que les forages aient été faits, il n'étaient pas équipés. Les paysans sans terre se mettaient à plusieurs pour installer une pompe et vendre de l'eau à ceux qui possédaient un champ.

En allant au Bangladesh, je découvris avec émerveillement des femmes qui, en dépit de la tradition ancestrale de baisser la tête en parlant aux hommes et aux étrangers, pouvaient se réunir en groupes, argumenter leurs projets, emprunter pour les réaliser. Je garde de ce voyage le souvenir vivant de ces grandes étendues plates, couvertes d'eau, du fourmillement des villages, de la beauté des femmes drapées dans leur

---

1. 1 000 francs français de l'époque.

sari de toutes les couleurs, qui étaient comme un défi à la misère. Pas besoin des prescriptions des experts. Les paysannes savaient ce qu'elles voulaient faire et s'adaptaient à toute conjoncture nouvelle en changeant d'activité. Je me souviens de Sayeeda qui avait emprunté pour s'acheter un métier à tisser. Elle fabriquait des châles chatoyants, les vendait dans le village et pouvait nourrir ses enfants deux fois par jour, au lieu d'une seule. L'aîné allait même à l'école. Il connaîtrait une vie meilleure que la sienne. Zarina, abandonnée par son mari, seule avec trois enfants, faisait des petites galettes que son fils vendait sur le marché – elle n'avait qu'un sari et, lorsqu'elle le lavait, il fallait qu'elle s'enferme dans sa case. Shahera montrait fièrement sa vache et Habiba expliquait comment elle parvint à gagner le respect de son mari en montant avec lui un petit commerce dans le village.

Avec l'appui de la Grameen bank, ces femmes s'étaient affranchies de la fatalité de la misère, de l'opposition des autorités religieuses inquiètes de les voir prendre un peu d'autonomie, du mépris de leur famille. Ce n'étaient plus des bouches à nourrir, mais des créatrices de richesse. Elles pouvaient, désormais, voir leurs enfants manger à leur faim, les envoyer à l'école, accumuler une petite épargne et emprunter encore à la Grameen bank pour acheter quelques mètres carrés de terre et y construire une case, qui résistât à la mousson. Des Perrettes, dont le pot de lait ne se serait pas cassé. J'ai demandé pourquoi la Grameen bank accordait la priorité aux femmes. On m'expliqua que, depuis la colonisation qui développa les cultures d'exportation et établit le pouvoir des zamindars, collecteurs d'impôt, devenus propriétaires terriens et usuriers, la terre était devenue difficile d'accès. Le fort taux de natalité fit le reste. Les femmes qui traditionnellement travaillaient la terre, comme en Afrique, devinrent inutiles en tant que main-d'œuvre. Alors que, précédemment, le fiancé payait la dot pour acquérir une force de travail, désormais la dot devait être versée par les parents de la mariée, qui se débarrassaient ainsi d'une bouche à nourrir. Dans un pays musulman, l'homme peut répudier sa femme, quand il veut, se remarier et recevoir d'autres dots. Il lui suffit de dire trois fois « je te répudie ». L'épouse est, alors, obligée de partir avec les enfants. Le plus souvent elle revient dans sa famille, qui n'a pas de quoi la nourrir. La Grameen bank prêtait donc aux femmes parce que c'étaient elles qui en avaient le plus besoin. C'étaient elles aussi qui géraient le revenu au mieux des intérêts des enfants et qui remboursaient les prêts de la façon la plus ponctuelle. Lorsqu'une femme sollicitait un prêt d'habitat, la banque demandait que la parcelle de terre sur laquelle était construite la case, soit mise à son nom. Du coup, si le mari décide de divorcer, c'est son épouse qui garde la maison et il est obligé de partir. Cette mesure fit beaucoup baisser le nombre des divorces.

Prêter aux femmes devint une caractéristique générale des projets de microcrédit. Même si, d'une façon générale, les femmes gèrent leur dette de façon plus rigoureuse et utilisent l'argent pour le bien de leur famille, cette règle n'est pas toujours justifiée. Ainsi, dans les pays postcommunistes, où le chômage toucha massivement et brutalement tout le monde, l'exclusion des hommes de l'accès au crédit ne pouvait aboutir qu'au surmenage des femmes, pendant que leurs compagnons passaient la journée au café ou sur la place du village. Mais les disciples vont toujours au-delà des règles établies par le prophète !

J'ai retrouvé récemment mon rapport de mission au Bangladesh, établi en 1988, qui se terminait ainsi :

« Au total la Grameen bank est une application harmonieuse :

• de la théorie économique : elle permet une meilleure allocation des ressources en désenclavant les facteurs de production, travail et capital et en favorisant l'esprit d'entreprise.

• de la fonction bancaire : elle recycle les crédits en produisant de la richesse.

• de la psychologie : elle bâtit l'adhésion des membres sur le désir, base fondamentale de toute action créatrice et fournit une issue à des situations apparemment bloquées.

• de l'éducation : elle accouche ses membres de leurs idées au lieu de les endoctriner et manipuler. C'est le triomphe de Socrate sur Benor [1].

• de l'art militaire : elle occupe le terrain en établissant d'abord un réseau d'agences relativement lâche, puis en comblant les interstices, lorsque les premiers résultats sont diffusés dans la population ; elle pratique la discipline en utilisant la gymnastique, les slogans, le chant exprimant les options de ses membres.

• de la morale : elle met l'accent sur la dignité, l'effort, la solidarité, la démocratie. »

---

1. Expert de la Banque mondiale qui dans les années 80 mettait l'accent sur l'organisation des programmes de vulgarisation agricole.

Un rapport quasi lyrique pour une économiste, mais qui par rapport à mon expérience actuelle me paraît formulé de façon assez théorique. Ce qui reste, après dix-huit ans, au fond de ma mémoire, au-delà de l'étendue scintillante de l'eau et de la marée humaine du Bangladesh, c'est le souvenir du courage et de la dignité des femmes, qui avaient retrouvé leur place dans la société.

La Grameen bank comptait 200 000 clients à l'époque. Aujourd'hui, en dépit des inondations qui détruisent régulièrement les maigres biens de ses membres, elle en a 3,4 millions. Elle couvre 45 000 villages. Son encours de crédit s'élève à 283 millions de dollars. Son capital appartient en majorité à ses membres. L'épargne qu'elle collectait depuis le début – les emprunteurs s'engageaient à épargner 1 taka par semaine, à titre personnel, et 5 % du montant des prêts était versé au Fonds du groupe – est devenue sa ressource principale. L'encours de la banque est couvert à concurrence de 102 % par les dépôts et les ressources propres.

Après la terrible inondation de 1998, qui laissa tout le pays ruiné, la Grameen bank connut une vraie crise. Elle décida alors de revoir sa méthodologie, dont la mise en place fut achevée en 2001, après la formation de tout le personnel comprenant 12 000 employés. La Grameen bank 2 introduit plus de flexibilité dans ses règles en supprimant les durées de prêts fixes et le Fonds de groupe, remplacé par des comptes d'épargne individuels obligatoires. Elle prévoit des cheminements plus ou moins rapides pour ses membres : les uns peuvent suivre ce qu'elle appelle

« l'autoroute du microcrédit », les autres, plus lents, peuvent en sortir, en prolongeant, si nécessaire, la durée des prêts, pour autant qu'ils continuent à verser les intérêts. Ils ont la possibilité de revenir à tout moment aux conditions du prêt de base. Chaque agence est constituée en centre de profit. L'effort de qualité des services se traduit par une politique d'étoiles accordées aux agences : la première correspond à un nombre de 3 200 membres, la seconde à un taux de remboursement de 100 %, la troisième à un financement assuré entièrement au niveau local, en empruntant, le cas échéant, à une banque, la quatrième à la scolarisation de tous les enfants des membres et la cinquième à la sortie de la pauvreté de tous les emprunteurs. Ces mêmes étoiles, qui correspondent à des critères d'efficacité autant que de développement, sont accordées aux agents, la première correspondant à un portefeuille de 500 clients par agent de crédit.

Grameen bank 2 a mis aussi en place de nouveaux produits. Le Fonds de retraite, obligatoire pour celles et ceux qui empruntent plus de 8 000 takas, permet aux membres de verser une cotisation qui, au bout de dix ans, est doublée par la banque. L'assurance couvre le risque de décès. Le programme « mendiants », caste héréditaire au Bangladesh, permet à ceux-ci de revendre dans les villages les marchandises achetées dans les magasins. Les crédits accordés aux mendiants bénéficient des conditions de remboursement très souples, mais il n'est pas question de charité. Les groupes sont encouragés à les prendre sous leurs ailes, pour qu'ils puissent devenir des membres comme les autres. La Grameen bank donne des bourses aux élèves et accorde des prêts aux étudiants, enfants des membres. Les agences qui, lorsque j'étais venue au Bangladesh, tenaient la comptabilité à la main, sont en train de s'informatiser et la politique des provisions a été rendue plus rigoureuse. La banque affiche un taux de remboursement de 98,7 % et son activité s'est diversifiée. D'autres institutions de microcrédit se sont développées au Bangladesh et dans le monde. L'opposition des autorités religieuses n'a pas disparu, mais elle a dû céder devant la réalité. Les critiques politiques restent aussi vives à droite contre cette banque qui organise les pauvres, qu'à gauche qui y voit un moyen de pactiser avec le capitalisme et de freiner la révolution. En relisant la conclusion de mon rapport, à la lumière de cette évolution et de mon engagement personnel dans l'extension du microcrédit, je n'ai pourtant pas un mot à changer.

Le transfert du microcrédit en Afrique de l'Ouest

Au moment où la Grameen bank décollait au Bangladesh, les besoins de crédit en Afrique de l'Ouest, territoire privilégié de la Coopération française, n'étaient pas plus satisfaits que ceux des paysans bengalis. Or ces besoins étaient multiples :
• Le premier était, sans doute, celui de trésorerie, particulièrement aigu pour des paysans dont les rentrées d'argent sont saisonnières. Pour beaucoup de familles, la soudure est une période de misère, où l'on

fait appel au commerçant, ou à l'usurier pour survivre jusqu'à la prochaine récolte. Mais au-delà de cette période de crise, le manque de trésorerie est un handicap important pour la commercialisation de la récolte ou de la production artisanale, pour l'achat des intrants agricoles ou des matières premières des microentreprises.

Un agriculteur qui ne peut pas préfinancer ses achats d'engrais se condamne à une mauvaise récolte, un menuisier ou un forgeron, qui ne peut acheter un lot de bois ou de ferraille peuvent s'attendre à des prix plus élevés, à des ruptures de stock continuelles et à des pertes de temps importantes pour assurer leur approvisionnement.

• Le second était l'investissement. L'intensification agricole suppose, au-delà du crédit de campagne, le financement des équipements d'exploitation (culture attelée, petite motorisation), des aménagements fonciers (fumure de fonds, travaux d'irrigation ou de drainage), des plantations nouvelles qui ne rapporteront pas avant quelques années. De même, la transformation progressive des activités informelles en microentreprises exige le financement de l'outillage de base souvent insuffisant et d'un minimum d'équipement moderne, tel que le poste de soudure pour le forgeron ou la scie mécanique pour le menuisier.

• Le troisième, enfin, était lié aux conditions de vie, de santé, d'éducation donc, indirectement de travail, de progrès et d'équilibre social. Le désir d'améliorer l'habitat, souvent précaire et insalubre, le besoin de soigner sa famille ou de payer les frais de scolarité, conduisent souvent à une demande de crédit. Celui-ci n'entraîne pas d'augmentation de revenu, mais il est néanmoins générateur de développement, fondé, à la fois, sur la dynamique des agents économiques et sur l'amélioration de leurs capacités et conditions d'existence.

Face à ces besoins, le secteur rural en Afrique restait singulièrement démuni. Les banques agricoles étaient dans une situation critique. À l'exception de celles du Mali et du Burkina, leurs pertes se chiffraient en milliards ou dizaines de milliards de francs CFA[1], sans qu'elles aient, pour autant, tenté ou réussi de répondre à la demande. Elles avaient été conçues à partir des modèles existant dans les économies industrielles et largement orientées vers le crédit ciblé des projets de développement agricole ou le crédit aux grandes filières de culture de rente[2], dont elles finançaient les intrants, ce qui était un rôle nécessaire, mais insuffisant. La Banque nationale de développement agricole au Mali préfinançait ainsi la production du coton avec un risque nul, parce que la distribution des semences et des engrais comme la collecte de la production était assurée par la CFDT[3]. Le remboursement des prêts de campagne était prélevé sur le prix payé au moment de l'achat du coton aux paysans. Les banques agricoles, programmées pour ce type d'intervention, étaient incapables de répondre aux besoins individuels des agriculteurs, par nature diversifiés, dans une région où la propriété foncière relevait du droit coutumier et ne permettait pas d'offrir une

---

1. Le Franc CFA, monnaie commune de 14 pays africains, équivaut à 0,0015 euros.
2. Une filière regroupe toutes les étapes de la production, transformation et vente d'une culture commerciale, appelée culture de rente.
3. Compagnie française de développement textile.

garantie au crédit. Tout un pan d'activités rurales, non agricoles, correspondant au revenu monétaire des régions qui ne disposaient pas des cultures de rente, était simplement ignoré. L'initiative personnelle, élément clef d'une politique, qui se voulait libérale, n'était pas prise en compte. Par ailleurs, les banques étaient souvent soumises à la pression de l'administration, qui les amenait à détourner les ressources financières de l'investissement dans le secteur rural au bénéfice du secteur public ou à consentir des prêts, qui ne seraient jamais remboursés, aux personnes proches du pouvoir. Quant au crédit ciblé des projets, il visait davantage à résoudre un problème spécifique du développement local qu'à bâtir un système de crédit durable et généralisable à d'autres régions.

À côté des banques agricoles et du crédit intégré dans les projets de développement, il y avait, dans certains pays, des organisations d'inspiration mutualiste. Les coopératives d'épargne crédit, qui ont commencé à s'implanter en Afrique dans les années 70, étaient regroupées en fédérations, et leur objectif principal était de sécuriser l'épargne. Seuls les membres, ayant des dépôts, avaient accès au crédit, dont la distribution était ainsi doublement limitée par l'obligation de l'épargne préalable et par l'appartenance à la coopérative. Seulement 30 % des sommes collectées au niveau des caisses et 60 % au niveau de la fédération pouvaient être prêtées. Le crédit ne se développait en fait, que dans les régions où le revenu monétaire était significatif. Les Caisses villageoises d'épargne crédit, qui avaient démarré au pays Dogon, au Mali, en 1986, avec l'appui du CIDR [1], avaient un fonctionnement plus souple : elles collectaient également l'épargne mais la distribution du crédit était financée en partie par une ligne de crédit de la Banque nationale de développement agricole. Une autre formule coopérative pratiquée, notamment, sur les Hauts Plateaux de Madagascar, était la banque des céréales. Elle consistait pour un groupe de paysans à stocker dans un lieu fermé une partie de leur récolte. Le stock servait de garantie à un prêt warranté [2] de la banque. Le prêt permettait aux paysans de financer des activités productives ou des dépenses jugées indispensables. Le remboursement se faisait sans peine quelques mois plus tard, au moment de la soudure, le stock ayant doublé ou triplé de valeur. Les paysans, qui en gardaient une partie, n'avaient pas besoin d'acheter le riz au prix fort, après avoir vendu leur récolte au prix le plus bas.

Mais les réseaux mutualistes ne couvraient, au total, qu'une très faible partie de la clientèle potentielle et, dans la plupart des cas, les paysans se trouvaient sans accès au crédit, ne pouvant compter que sur les circuits informels. Parmi ceux-ci les tontines jouaient un rôle primordial. Elles prenaient des formes diverses, depuis la plus simple – l'attribution à chaque membre, à tour de rôle, du total des sommes collectées – jusqu'à la plus complexe, qui consistait à faire fructifier le capital par le biais des prêts avec intérêt ou par la mise aux enchères de la cagnotte. Leurs objectifs étaient

---

1. Centre international de développement et de recherche.
2. Le warrant est un bulletin de gage, qui circule comme un effet de commerce.

également divers, depuis la simple fonction de solidarité et de prévoyance, essentielle dans une société dominée par le risque, jusqu'à l'investissement économique, exigeant un montant supérieur à celui qu'ils pouvaient épargner individuellement. Les règles des tontines, si informelles qu'elles soient, étaient inviolables. Au-delà des amendes en argent ou en nature, versées pour des manquements mineurs (retard à la réunion, non-paiement de la cotisation à la date prévue), une faute grave (défaut de paiement, après que le membre a reçu la cagnotte) entraînait l'exclusion du groupe social. Expression révélatrice, au Nigeria, quand un membre ne remplissait pas ses engagements, on disait « il meurt ». Les montants des cagnottes variaient en fonction du nombre de membres, (5 à 40), de la fréquence des tours, qui pouvait être hebdomadaire ou mensuelle, et du montant des cotisations, qui variait de 10 francs CFA à plusieurs milliers de francs CFA.

À côté des tontines, il y avait, dans les villages, des « garde-monnaies », qui étaient des notables ou des commerçants. Ils avaient pour fonction de garder l'épargne en la préservant des termites, des voleurs et des envies dépensières de son propriétaire. Les dépôts, qui variaient de 10 000 francs CFA à quelques millions de francs CFA, n'étaient pas rémunérés, pas plus que le service rendu. Ils permettaient au garde-monnaie de faire des prêts à court terme, répondant aux besoins les plus pressants de la clientèle.

Les commerçants, enfin, mettaient souvent à la disposition des paysans un crédit à la consommation, remboursé en nature à la récolte ou lors de la rentrée des fonds. Dans certains cas, ce type de crédit était mobilisable aussi pour les semences et les engrais. Il était plus difficile de l'obtenir auprès des artisans qui manquaient eux-mêmes cruellement de fonds de roulement et ne pouvaient entreprendre la fabrication qu'après commande et versement d'une avance. Le déséquilibre entre l'offre et la demande, sur des marchés financiers segmentés, se traduisait inévitablement par un coût élevé de l'argent. Si les taux affichés par les banques étaient relativement bas pour l'époque, de l'ordre de 12 %, les paysans n'y avaient pas accès. L'argent en brousse était rare et cher. Ainsi, les taux d'intérêt pratiqués par les tontines pouvaient monter à 50 ou 90 % pour les membres et à 120 à 180 % pour les non-membres. Au Cameroun, l'épargne des tontines, dont le montant en milieu rural pouvait atteindre des sommes considérables s'enlevait aux enchères au double de leur prix. Le crédit accordé par les petits commerçants atteignait 10 à 20 % par semaine et parfois par jour. En Côte d'Ivoire, le taux d'intérêt dans les circuits informels était de 25 % par mois et au Burkina il montait à 500 % par an. Impossible dans ces conditions de développer l'économie locale. Les taux d'intérêt officiels étaient bloqués par le taux d'usure, mais les taux réels explosaient sans que personne y porte attention. Seules institutions raisonnables dans ce paysage aux couleurs contrastées, les Caisses villageoises au Mali fixaient spontanément le taux d'intérêt sur l'épargne à 20 %, en comparant son rendement avec celui de leurs activités génératrices de revenu, et le taux du crédit à 40 %, pour tenir compte du coût de la ressource. Elles respectaient à la fois les principes de l'économie de marché et ceux de la solidarité. Économiste de développement ou censée l'être, je voyais dans cette situation un blocage absolu. La rareté et le coût de l'argent rendaient impossible toute tentative d'intensification des systèmes de production. Aucun investissement ne pouvait être rentable avec ces taux d'intérêt. Les progrès de l'économie de marché fondés sur la recherche du profit semblaient impossibles avec des prix au producteur amputés, avant la récolte, des deux tiers de leur valeur. Une augmentation des prix agricoles de 10 %, 20 %, ou même 50 %, avait beaucoup moins d'intérêt pour le petit paysan que la mise en place d'un crédit de soudure. On voyait déjà à l'époque la concentration progressive des terres et des troupeaux aux mains de ceux qui pouvaient prêter de l'argent aux villageois dans le besoin. La croissance démographique et la saturation des terres entraînaient une spéculation foncière inconnue auparavant en Afrique. Elle se faisait généralement à travers le crédit, la récolte et, à terme, la terre elle-même servant de gage. Le petit paysan incapable de payer le taux pratiqué s'enfonçait dans l'endettement et finissait par perdre le capital foncier qui était son outil de travail. Le même processus touchait les pasteurs au moment de la sécheresse : emprunter pour nourrir ses bêtes signifiait perdre rapidement son troupeau. La ville n'offrant aucune alternative d'emploi, en dehors, là aussi, du secteur informel, cette rareté du capital laissait présager une crise agraire inconnue, jusqu'alors en Afrique, par suite de la faible densité de sa population et du système communautaire de tenure des terres. Au sein de la Caisse centrale de coopération économique (CCCE), je plaidais pour renverser la démarche. Partir du problème, plutôt que de la solution et expérimenter des systèmes financiers qui puissent répondre aux besoins de la majorité de la population. La démarche, consistant à créer des structures avant de savoir comment elles pourraient prendre en compte la demande réelle, ne me paraissait guère avoir de sens. Il fallait, bien sûr, tenir compte des institutions existantes, pour en améliorer le fonctionnement. Mais mettre en place trop rapidement un appareil institutionnel nouveau risquait de figer les attitudes et de créer des privilèges difficiles à abolir. Le problème devait d'ailleurs être résolu aux trois niveaux : celui de la distribution à la base, ce qui supposait la formation des cadres locaux compétents et motivés, celui du refinancement des réseaux de microcrédit par les banques et celui de l'encadrement du crédit et du plafonnement des taux d'intérêt par la Banque centrale.

La politique d'encadrement du crédit au sein de l'UMOA [1] ne faisait pas de différence, à l'époque, entre les crédits à la consommation, générateurs d'inflation et le crédit productif. Seuls les crédits de campagne étaient hors plafonds accordés par la Banque centrale aux établissements bancaires. La politique des taux d'intérêt, sous prétexte de rémunérer l'épargne et de limiter le coût du crédit pour les paysans, ne permettait

---

1. Union monétaire de l'Ouest-Africain.

pas aux banques de prélever une marge suffisante pour couvrir leurs frais et limitait, de ce fait, la distribution du crédit rural, aboutissant à l'effet inverse du but recherché.

C'est dans cet esprit d'expérimentation que j'organisai, dans le cadre de la CCCE, le voyage de Muzammel Huq, l'un des responsables de la Grameen bank, au Mali et au Burkina, puis un voyage du gouverneur de la Banque centrale de Guinée et des Directeurs généraux des banques agricoles du Mali et du Burkina Faso, au Bangladesh. Personne ne croyait vraiment que cette fertilisation croisée pourrait marcher. La densité de la population et la culture n'étaient pas les mêmes. Pourtant les paysans sans pluie du Sahel subissaient les mêmes contraintes que les paysans sans terre du Bangladesh, pratiquaient la solidarité de groupe à travers les tontines et développaient, eux aussi, des stratégies fondées sur la pluriactivité.

C'est une constante des économies rurales, depuis des siècles et dans le monde entier : l'agriculture permet d'assurer l'alimentation de la famille, mais les recettes monétaires viennent des activités non agricoles et représentent plus de la moitié des ressources. L'Afrique n'échappait pas à la règle. Les hommes du Burkina ou du Niger partaient travailler en Côte d'Ivoire pendant la saison sèche laissant les épouses mener toutes sortes de petites activités pour survivre avec les enfants jusqu'à leur retour. Lorsque les premiers projets de microcrédit ont été testés, dans le Yatenga, au Burkina Faso, par une institution de recherche, le CIRAD [1], et en Guinée par

---

1. Centre international de recherche agricole de développement.

l'IRAM [1], les femmes ont été les premières à faire la queue devant l'agent de crédit.

Projet pilote de crédit rural (Yatenga, Burkina Faso)
Exemple d'utilisation d'un prêt par Aïssata Barry

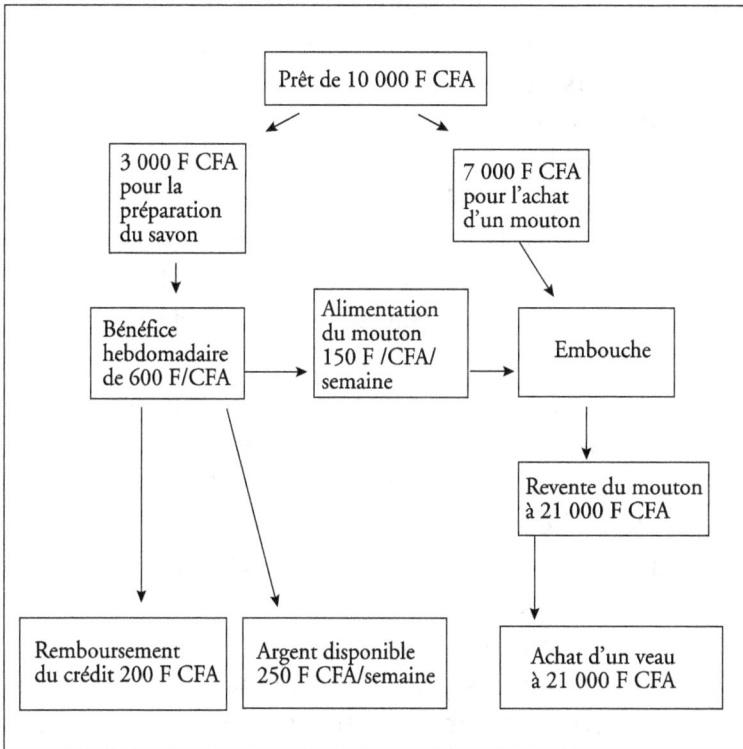

Prêt de 10 000 F CFA

3 000 F CFA pour la préparation du savon

7 000 F CFA pour l'achat d'un mouton

Bénéfice hebdomadaire de 600 F/CFA

Alimentation du mouton 150 F /CFA/ semaine

Embouche

Revente du mouton à 21 000 F CFA

Remboursement du crédit 200 F CFA

Argent disponible 250 F CFA/semaine

Achat d'un veau à 21 000 F CFA

Source Konrad Elssasser

Pour maximiser les profits et minimiser les risques, elles développaient des stratégies dignes des meilleurs experts de Wall Street. Avec le même prêt de 10 000 francs CFA elles achetaient un agneau

1. Institut de recherches et d'applications de méthodes.

qu'elles engraissaient pour la fête de Tabaski : c'était leur investissement à moyen terme, dont le profit serait réinvesti dans l'accroissement du troupeau. Parallèlement, elles faisaient du savon, des beignets ou de la bière de mil, qu'elles vendaient sur le marché ce qui leur permettait de rembourser le prêt et de contribuer de façon substantielle à l'entretien de leur famille. Les prêts, à un taux raisonnable, étaient pour les habitants des villages une bénédiction du ciel. Ils leur permettaient de ne pas vendre la récolte sur pied, pour ensuite racheter du mil beaucoup plus cher en période de soudure. Avec le crédit, les femmes pouvaient aussi casser le monopole des commerçants et aller chercher du mil ou du riz à la ville pour le revendre à un prix plus convenable.

Si au Bangladesh, le grand débat tournait autour de la priorité donnée aux femmes, en Afrique de l'Ouest, le sujet qui faisait rage parmi les experts était de savoir si l'on devait démarrer un projet avec de l'épargne ou avec du crédit. Débat étrange, dans une région où l'argent était aussi rare. Les tenants de « l'épargne d'abord » faisaient valoir ses vertus pédagogiques et les effets pervers des lignes de crédit bancaires, relativement moins chères, sur la collecte des dépôts en milieu traditionnel. S'il était effectivement plus facile pour les banques agricoles, en Afrique, de recevoir de l'argent « en gros » des institutions d'aide à 2 ou 3 %, plutôt que de le collecter au détail à 7 ou 8 %, l'épargne rurale n'était pas partout suffisante pour financer, dans un délai raisonnable les besoins de l'économie rurale. Tout en commençant par le crédit, on pouvait, comme c'était le cas dans le modèle

Grameen bank, ou dans celui des Caisses villageoises du Mali intégrer l'épargne dans le système. En revanche, je ne voyais pas comment les paysans du Sahel qui, parfois, n'avaient pas de récolte pendant deux ans pouvaient épargner avant d'emprunter. Le débat sur la priorité de l'épargne ou du crédit ressemblait à celui sur l'antériorité de la poule ou de l'œuf. Il y a des régions en Afrique où les cultures de rente permettent aux paysans de mettre de l'argent de côté et où il est bon de commencer par l'épargne, mais il y a, aussi, des régions pauvres ou des catégories de population, qui sont à la fois les plus actives et les plus démunies de capital, comme les femmes et les jeunes, pour lesquelles il est préférable de prélever l'épargne sur l'accroissement du revenu obtenu grâce au crédit, plutôt que sur le revenu lui-même qui assure à peine la subsistance. « Les prêts génèrent des dépôts », disent les Anglo-Saxons et cette démarche me paraissait mieux adaptée aux régions pauvres que l'adage français « on ne prête qu'aux riches », en l'occurrence ceux qui avaient déjà un apport personnel.

Vingt ans après, je suis tombée sur un petit livre de Stuart Rutherford [1] qui réconcilie les points de vue en distinguant l'épargne d'abord, l'épargne après et l'épargne en cours. Dans le premier cas, le cycle des petits dépôts précède le retrait du montant global. Dans le second cas, le montant global (qui correspond, en fait, à un prêt) est versé avant les dépôts et dans le troisième, le retrait du montant global se fait pendant le cycle des dépôts, comme c'est, par exemple, le cas

---

1. Stuart Rutherford, *The Poor and their Money*, Oxford University Press, 2000.

pour les tontines. Ce concept n'est pas de pure forme. Il permet de rétablir une certaine continuité entre l'épargne et le crédit, qui ont souvent tendance à s'opposer.

L'expérience de nombreuses caisses rurales – à commencer par les Banques populaires du Rwanda, qui constituaient alors le réseau phare en Afrique – elles couvraient la moitié des communes et comptaient près de 100 000 membres – montrait que les caisses qui commençaient à accumuler de l'épargne avaient du mal à l'investir. La logique de l'épargne est fondée sur la prudence et la volonté de se prémunir contre les risques. Celle du crédit, et notamment du crédit à la production est, au contraire, fondée sur la prise du risque. Il n'est pas facile de passer d'une attitude à l'autre. Aussi les Banques populaires du Rwanda ramassaient de l'argent auprès des paysans mais l'investissaient dans des prêts aux fonctionnaires. Elles furent détruites, lors du génocide, montrant, une fois de plus, la fragilité des institutions face au délire des hommes.

Aujourd'hui, on constate, en Afrique de l'Ouest, qu'il y a de la place pour tout le monde et que le taux de pénétration du crédit reste encore dramatiquement faible. On y trouve aussi bien des réseaux d'inspiration mutualiste que des banques de microfinance. Les réseaux mutualistes sont les plus importants. Au Bénin et en Côte d'Ivoire, ils comptent, chacun, près de 400 000 membres. Ils collectent toujours l'épargne préalablement au crédit et la gestion à la base est assurée par les sociétaires, qui sont en même temps les clients. Les Caisses villageoises fonctionnent, elles aussi, fondées sur le même principe de collecte d'épargne et d'octroi de crédit par les paysans, mais avec plus de liberté de trouver, à travers des lignes de crédit bancaire, les ressources nécessaires à leur action. Enfin, il y a des opérations qui démarrent à partir d'un projet qui fournit les ressources de crédit initiales, permettant ainsi de financer des activités économiques. Le revenu de ces activités permet dans un second temps la constitution de l'épargne. Les opérations s'ancrent progressivement à la base, le plus souvent à travers des groupes d'emprunteurs qui se cautionnent mutuellement. Parmi ces projets, se trouve notamment le Crédit rural de Guinée (100 000 clients en 2002) inspiré de la Grameen bank.

Le démarrage du microcrédit en Europe centrale et orientale

Le succès commence par un échec
Au début des années 90, un dessin humoristique circulait en Pologne. On y voyait Karl Marx, en mendiant, assis contre un mur, son chapeau posé par terre pour collecter l'aumône. La légende était : « Mais où est le capital ? » Le gouvernement avait choisi une transition rapide, mais ceux qui voulaient se lancer dans l'économie de marché manquaient dramatiquement de fonds. La situation était très différente de celle des pays en voie de développement. Les gens, qui se retrouvaient brusquement au chômage, appartenaient à toutes les catégories de la population. Ils avaient vécu dans le monde gris du socialisme réel, où seule l'élite dirigeante pouvait être considérée comme riche, mais

où il n'y avait pas de chômage et où la pénurie était partagée par tous. Les plus entreprenants essayaient de s'en sortir par des combines, qui avaient érodé l'éthique du travail et celle du bien public. Tous devaient s'adapter à un revirement de l'histoire, espéré depuis longtemps, mais que peu croyaient aussi proche. Ils devaient payer le prix de la liberté en perdant la sécurité du quotidien, en remettant en cause tout ce qu'ils avaient pu construire au cours de leur vie. Le choc fut rude. J'ai participé à la première mission conjointe de la Banque mondiale et de la Commission européenne chargée, en 1990, d'aider le gouvernement polonais à définir la stratégie du secteur agricole. Plus de 40 % de la population vivait encore en zone rurale mais si 28 % de la population active travaillait dans le secteur agricole, la part de l'agriculture ne représentait que 12 % du PIB. L'agriculture avait été, en fait, l'échec majeur du communisme dans tous les pays d'Europe orientale. Grenier de l'Europe en 1909, la région exportait alors – Russie comprise – 21 millions de tonnes de céréales. Elle en importait, en 1989, 32 millions de tonnes.

Nous fîmes le tour de la Pologne. Contrairement à d'autres démocraties populaires, 75 % de la surface agricole restait exploitée par des paysans individuels, au prix d'une tolérance souvent répressive de la part du gouvernement, mais les prix étaient subventionnés pour assurer l'autosuffisance alimentaire et il y avait une garantie d'écoulement des produits. Les paysans ne voyaient pas comment ils pourraient s'adapter à la nouvelle situation. Jusqu'alors, ils vendaient à des organisations d'État qui, dans une situation de pénurie organisée, n'étaient pas très regardantes sur la qualité et encore moins sur le conditionnement des produits. Et voilà que l'on passait brusquement à une situation de surproduction et que McDonald's, qui s'installait en Pologne, demandait des pommes de terre de 14 cm de long pour faire ses frites – « Jésus, Marie, disaient les agriculteurs, ces gens sont fous, les pommes de terre ne se mesurent pas au centimètre ! ». Voilà que les consommateurs ne voulaient plus de beurre ou de fromage empaquetés dans du papier journal, car les produits de l'Ouest commençaient à envahir le marché et que les circuits commerciaux eux-mêmes, dépendant de l'État, disparaissaient les uns après les autres. C'était une situation terrible pour les producteurs. Le cadre de l'économie centralisée, dans lequel ils avaient travaillé jusqu'à présent, s'effaçait et le nouveau n'était pas encore en place. Ils se trouvaient désormais dans une économie de marché, sans marché, un capitalisme sans capital et, pour compléter le tout, des entreprises sans entrepreneur, toute forme d'initiative ayant été soigneusement éradiquée pendant quarante-cinq ans. Les apparatchiks de l'ordre ancien défendaient vigoureusement leurs privilèges, mais le socle sur lequel ces privilèges fonctionnaient s'enfonçait progressivement dans les sables mouvants du libéralisme. Quant à ceux qui essayaient de plonger dans l'économie de marché, ils cumulaient tous les obstacles : des infrastructures défectueuses, des circuits d'approvisionnement et de distribution interrompus, le manque de capital et un cadre réglementaire inadapté.

Je dois avouer humblement mon échec. Le rapport que j'avais fait sur le développement rural en Pologne n'a eu que peu d'écho au sein du ministère polonais de l'Agriculture. La nécessité de sortir le surplus de la main-d'œuvre des exploitations agricoles pour pouvoir les moderniser était d'autant plus urgente qu'un grand nombre de paysans, qui étaient en même temps ouvriers d'usine, avaient perdu leur emploi. La création de microentreprises rurales, qui prendraient le relais des organismes d'État en matière de services aux exploitations, était évidente pour moi, mais trop loin des schémas mentaux existant dans une économie centralisée. « Il faut du temps pour casser les barrières de l'imagination », me consolait une sociologue polonaise.

Je suis arrivée à faire passer mes propositions sur les infrastructures – et même sur la participation des villageois à leur financement et maintenance – mais pas celles relatives au microcrédit. Jacek Kuron, l'un des leaders de Solidarité et le premier ministre du Travail et des Affaires sociales du nouveau régime, s'en est inspiré pour monter un système de prêts aux chômeurs créateurs d'entreprise, mais pas le ministère de l'Agriculture avec lequel je travaillais. Trop, c'est trop. Un prolétaire ne peut, du jour au lendemain, devenir capitaliste. Ces idées-là passent plus facilement à partir de la base que du sommet. Il a fallu attendre 1994 et le financement par l'USAid de Fundusz mikro, institution de microfinance dotée au départ d'un capital de 20 millions de dollars, qui, fort heureusement ne transitaient pas par le budget de l'État, pour que l'idée du microcrédit prenne racine. Il a fallu que l'inflation à trois chiffres soit maîtrisée, que les 1 600 banques coopératives étatisées par le gouvernement communiste retrouvent leurs marques, que les circuits commerciaux nouveaux se mettent en place, pour que le microcrédit se développe en Pologne. Aujourd'hui, à côté des institutions non bancaires, fondées sur les principes du microcrédit [1], d'autres institutions font aussi des petits prêts. Les banques, s'ouvrent, de plus en plus, au crédit aux petites entreprises [2]. Les caisses mutuelles d'épargne crédit, réunies au sein du réseau SKOK [3], fonctionnent depuis 1992, sur des bases territoriales, professionnelles ou paroissiales. Bien qu'orientées, en priorité, vers le crédit à la consommation et les prêts de secours, les caisses sont autorisées, depuis 2000, à financer l'activité économique.

D'une conception opposée à celle des caisses mutuelles, des établissements privés étrangers, comme Provident, Citi Financial ou AIG Financial se disputent le marché des prêts aux particuliers, pratiquant des taux d'intérêt de l'ordre de 100 %. Près de 8 000 monts-de-piété, offrent également des prêts express à des taux très élevés.

En Albanie, un outil pour privatiser l'économie
L'échec polonais m'avait appris la résistance de l'appareil postcommuniste à toute idée de crédit décentralisé. Aussi, lorsque, en 1992, je participai à une mission de stratégie du secteur agricole en Albanie, j'avais compris qu'il fallait contourner l'État.
La situation économique était bien pire qu'en Pologne. L'Albanie est le pays le plus pauvre d'Europe

---

1. Et notamment Fundusz mikro, Inicjatywa mikro, la Fondation pour le développement de l'agriculture polonaise et la Fondation rurale.
2. Source : Microfinance centre for central and eastern Europe and the NIS countries.
3. Spoldzielcze kasy oszczednosciowo-kredytowe.

et si, en Pologne, le gouvernement communiste n'est jamais arrivé à casser une certaine liberté d'expression et d'organisation économique, l'Albanie a vécu sous un régime de dictature impitoyable qui s'est acharné à faire disparaître toute forme d'initiative. Un paysan qui faisait obligatoirement partie d'une coopérative ou d'une ferme d'État n'avait pas le droit de posséder une poule. Le moindre écart par rapport à la ligne du Parti était puni de déportation. Le pays vivait dans la paranoïa d'Enver Hodja, la crainte d'être envahi par un ennemi venant du monde capitaliste – tout le territoire a été couvert de milliers de petits bunkers, censés le protéger en cas d'attaque – et tous les citoyens vivaient dans la peur du dictateur.

Lorsque nous arrivâmes en 1992, Tirana était une ville morte, les magasins étaient fermés, l'eau et l'électricité coupées la plupart du temps. Dans l'unique hôtel ouvert de la ville, les rats couraient sous la table du restaurant, où il n'y avait pas grand-chose à manger. L'Albanie est, elle aussi, un pays essentiellement agricole. La création de grands complexes industriels, métallurgique à Elbassan, textile à Beirat n'a pas été un succès. Plus de 12 000 hommes furent recrutés dans la campagne pour le premier, autant de femmes pour le second, distant de 200 km. Personne n'avait pensé à l'équilibre des sexes : la patrie et le prolétariat avant tout. Les terres agricoles les plus fertiles et des vies humaines ont été détruites. Les usines n'étaient bonnes que pour la casse. L'industrialisation avait laissé des souvenirs amers.

Les premières mesures prises après le changement du régime ont porté sur le secteur agricole. Le gouvernement décida de démanteler les coopératives et les fermes d'État et de distribuer la terre à tous ceux qui y travaillaient, sans tenir compte des droits fonciers antérieurs. On créa donc, sur le papier, de petites exploitations de 1,4 ha en moyenne, dont les limites furent immédiatement contestées par les anciens propriétaires. En Albanie, on ne plaisante pas avec les règles traditionnelles. Le Kanun, législation écrite datant du XVe siècle, qui régit aussi bien la tenure des terres que le code de l'honneur, a été suspendu pendant quarante ans, mais a ressuscité avec le changement de régime. Ne pas le respecter signifiait un risque de mort. Une partie des nouveaux propriétaires ne pouvaient donc pas exploiter leurs terres.

Les membres les plus influents des coopératives s'étaient approprié les équipements et le cheptel. Les petites exploitations ne disposaient ni de matériel agricole, ni de semences, ni d'engrais. On voyait les paysans assis en haut de leurs champs de montagne, les contemplant avec désespoir. Ils disaient : « On ne peut rien faire. On ne va pas labourer avec les mains. » Les femmes, les premières, se sont mises au travail avec des outils de fortune. Il fallait bien nourrir les enfants. Les experts s'affairaient, courant avec leur serviette d'un bureau à l'autre, pour créer un secteur financier : l'unique banque du pays était à la fois banque centrale, banque assurant la trésorerie des coopératives et fermes d'État et banque commerciale. On décida de créer des établissements spécialisés dans chacune de ces fonctions. La banque agricole fut conçue sur le modèle occidental, sans prendre en compte la réalité des petites exploitations nées de la réforme agraire. Elle ne survécut pas longtemps à son inadaptation au milieu.

Non sans peine, je persuadai le gouvernement de tester, dans le cadre du Projet de lutte contre la pauvreté financé par la Banque mondiale que je devais mettre en place, des Fonds villageois permettant d'injecter du crédit en milieu rural. Le gouvernement ne voulant pas emprunter, pour un programme qu'il ne considérait pas comme sérieux, c'est une association française, les « Frères d'espérance », qui accepta de financer le projet pilote. Les paysans comprenaient beaucoup mieux que les fonctionnaires ce que nous voulions faire. Les vieux se souvenaient que le crédit existait dans les villages lorsqu'ils étaient jeunes et que c'était une question d'honneur de le rembourser. Ils ne voulaient pas de groupes solidaires, qui leur rappelaient trop les coopératives, mais ils souhaitaient retrouver l'identité du village. Celui-ci avait joué un rôle important pendant les quatre cents ans d'occupation ottomane. Dans ce pays de montagnes, il jouissait d'une large autonomie et gérait aussi bien les pâturages que les travaux d'intérêt général. Le rôle du village avait été supprimé pendant la période communiste au profit des coopératives, la mémoire collective avait été assez largement détruite, mais la nostalgie était restée.

J'ai passé plus de temps à écouter les paysans parler de leurs traditions qu'à concevoir le système financier. Nous restâmes des heures à discuter, assis à la turque sur des tapis usés jusqu'à la corde, sous l'unique ampoule, vestige du socialisme – « Le socialisme c'est l'électricité et les Soviets », avait dit Lénine et sa prescription avait été suivie à la lettre, même si la force du courant ne permettait de brancher aucun appareil ménager. Le système financier que nous élaborâmes ensemble, avec les villageois, était très simple et son seul but consistait à répondre aux besoins économiques les plus pressants des agriculteurs, tout en s'ancrant dans leur culture. Les Fonds villageois recevaient une ligne de crédit mise à leur disposition par le Fonds albanais de développement, créé par le gouvernement pour gérer le projet. Ils étaient eux-mêmes gérés par un Comité villageois, nommé par les habitants, qui décidait de l'octroi des prêts et collectait les échéances. Si les prêts n'étaient pas remboursés, la ligne de crédit était suspendue. Personne dans le village ne pouvait prendre le risque de couper volontairement l'accès au crédit à toute la communauté. Dans les cas de force majeure, le village se cotisait pour rembourser la somme. La ligne de crédit était limitée de façon à ne pas couvrir tous les besoins. Il y avait donc toujours des emprunteurs en attente qui exerçaient une pression forte sur ceux qui bénéficiaient des prêts, pour qu'ils remboursent dans les temps. La force du système villageois fut telle qu'il résista à la tourmente des « pyramides »[1] et aux périodes d'insécurité qui suivirent. Les civils avaient pillé les dépôts d'armes et se servaient à tout bout de champ de leurs fusils. Lors d'une mini-révolution, des balles traçantes sifflaient dans tous les

---

1. Le système des « pyramides » lancé en Albanie et quelques autres pays postcommunistes où la réglementation de l'épargne n'était pas très précise et où les attentes de la population par rapport au capitalisme tenaient beaucoup du rêve consistait à collecter des dépôts en payant des taux d'intérêt élevés, grâce aux dépôts précédents. La pyramide s'effondrait lorsque le nombre d'épargnants était trop important pour être rémunéré avec de nouveaux versements. L'effondrement des pyramides avait produit une crise politique majeure, en Albanie, où certaines personnalités politiques avaient été accusées d'avoir bénéficié du système.

sens, devant la fenêtre de l'hôtel. Par trois fois, je fus évacuée d'Albanie, dont une fois dans un petit bateau à moteur à destination de l'Italie, toutes les routes terrestres ayant été coupées. La trajectoire des missiles américains, bombardant le Kosovo, passait juste au-dessus.

En dépit de toute cette agitation, les paysans, emprunteurs modèles, trouvaient toutes sortes de subterfuges pour ne pas manquer le remboursement. Pour éviter d'être pillés en chemin, certains enveloppaient le montant de l'échéance dans un petit sac en plastique qu'ils plongeaient au bout d'une ficelle dans un pot de lait. En avril 1996, une loi permit aux Fonds villageois de se transformer en coopératives d'épargne crédit, élargissant ainsi leurs ressources et les services qu'ils pouvaient rendre aux paysans. Les coopératives d'épargne crédit créèrent en janvier 2002 l'Union albanaise d'épargne et de crédit, agréée par la Banque centrale. L'Union regroupe aujourd'hui une centaine de coopératives, près de 300 villages et plus de 8 000 membres. Elle joue le rôle d'une institution faîtière en matière de représentation, de coordination, et de services aux membres, ainsi que de refinancement et de contrôle de risque. Les coopératives sont toujours gérées par les paysans, qui en sont membres. Si l'épargne ne couvre encore qu'une petite portion des prêts, l'activité continue de se développer dans les deux domaines de l'épargne et du crédit. Le portefeuille total des prêts s'élevait fin 2003 à 5,5 millions de dollars et le taux d'impayés restait inférieur à 1 %. En dépit de conditions particulièrement difficiles liées à son implantation dans des zones montagneuses, l'Union a atteint, en 2003, la couverture de ses coûts opérationnels. Les clients qui, au début, empruntaient 400 dollars pour acheter une vache peuvent, à présent, contracter des emprunts plus importants pour acheter plusieurs vaches, planter une vigne, acquérir un matériel d'irrigation ou développer une activité non agricole. Le Projet de lutte contre la pauvreté a été le premier à implanter le microcrédit en Europe centrale et orientale. Il fut longtemps cité au sein de la Banque mondiale comme un exemple de l'approche « bottom-up », souvent décrite, rarement pratiquée. Accouché aux forceps, il me valut une décoration du Gouvernement albanais, reconnaissant après coup l'intérêt du projet. Les vrais fondateurs du réseau ont été, cependant, les paysans.

Le succès des Fonds villageois et un autre projet pilote mené avec l'aide de la « Fondation pour le progrès de l'homme » ont convaincu le gouvernement albanais, longtemps incrédule, de monter un second programme de crédit en zone urbaine. Je me souviens de nos premiers clients : Arben qui, dans une cave, fabriquait de la limonade. Le prénom de son fils Florinel servit de marque. Sa mère, infirmière au chômage, assurait la production, en veillant à la bonne hygiène des lieux. Lui-même pédalait dans les rues de Tirana sur un vélo antique, auquel était accrochée une petite remorque pour distribuer les bouteilles dans les kiosques. Ibrahim, ancien mécanicien de la ferme d'État, avait reçu pour tout viatique un lopin de terre. Il y bâtit un hangar, pour remonter des voitures à partir des pièces détachées récupérées sur des voitures abandonnées. Vladimir était menuisier dans une coopérative agricole. Lorsque la coopérative fut dissoute en 1992, il investit toutes ses économies, 200 dollars, dans l'achat de sa vieille scie mécanique et déménagea avec elle dans des terrains vagues près de Tirana, où les paysans sans terre essayaient de squatter un bout d'espace pour s'installer. Il bâtit sa maison et grâce à un prêt, qui lui permit d'acheter du bois, il commença à fabriquer des portes et des fenêtres pour ses voisins. Il finit par bâtir un abri autour de sa machine et devint un artisan prospère.

Ces projets étaient assez extraordinaires dans un pays où pendant quarante-cinq ans toute initiative était sévèrement punie. Tirana était la seule ville d'Europe orientale où le petit commerce a mis du temps à apparaître dans les rues, une fois le régime aboli. Les gens étaient paralysés par la peur. Les prêts en zone urbaine étaient plus importants qu'en milieu rural : 2 000 dollars en moyenne, consentis sur une base individuelle, car toute forme de solidarité avait disparu. Au-delà du financement lui-même, essentiel dans une économie à bout de souffle, le microcrédit jouait dans une économie postsocialiste un rôle majeur en propageant l'esprit d'entreprise et en privatisant l'économie à partir de la base.

Aujourd'hui la Fondation Besa, qui a succédé au Projet de crédit urbain, a accordé plus de 17 000 prêts pour un montant total de 68,5 millions de dollars. Elle a 5 000 clients actifs, un encours de 15 millions de dollars et elle couvre à 97 % l'ensemble de ses coûts, y compris les frais financiers, sans pour autant avoir dévié de sa mission. L'encours moyen par prêt ne dépasse pas 3 000 dollars.

En Bosnie : le crédit, un instrument de paix

« L'effet naturel du commerce est de porter à la paix. » Je ne sais pas si la Banque mondiale pensait à cette phrase de Montesquieu lorsque, immédiatement après la signature des accords de Dayton, en 1995 elle m'envoya monter un projet de microcrédit en Bosnie. La guerre était encore omniprésente. Nous allions de Zagreb à Sarajevo en avion militaire, avec des fonctionnaires internationaux et des représentants d'ONG qui n'avaient pas encore enlevé leurs gilets pare-balles. Nous circulions en convois et rentrions dans un hôtel immense et délabré à l'heure du couvre-feu. Les gens ne parlaient que des massacres et des destructions et, en présence de tant de détresse et de douleur, se préoccuper de l'économie paraissait presque indécent. Et pourtant Montesquieu avait raison. Je peux non seulement confirmer son opinion, mais la compléter par mon propre jugement : le crédit aide au développement du commerce et au rétablissement de la confiance.

Le pays cumulait les difficultés de la transition et celles d'une économie dévastée par la guerre. Le chômage atteignait 64 % de la population active. Plus de 80 % des habitants vivaient de l'aide humanitaire. Sur une population de 3,4 millions d'habitants, près de la moitié étaient des personnes déplacées.

Nous décidâmes de monter un projet pilote dans la région de Tuzla. Personne du côté du gouvernement ne comprit de quoi il s'agissait. Je me souviens d'avoir essayé de l'expliquer à un ministre qui m'écoutait avec effarement pour s'exclamer à la fin : « Mais cela n'a pas de sens ! Vous n'allez pas créer une entreprise avec un directeur général, un directeur financier, un directeur de production, un directeur de ressources humaines et un seul travailleur ! » Le concept même n'arrivait pas à passer. Les universitaires à qui j'avais proposé de réfléchir à des microprojets me soumettaient des investissements de 500 000 DM[1]. Cela devenait vraiment désespéré. En descendant du niveau des décideurs à celui des ouvriers, je m'aperçus très vite que, eux, vivaient dans la réalité. Ils voyaient bien que leur usine ne marchait pas. Ils n'étaient pas licenciés mais ils n'étaient plus payés. Il fallait bien qu'ils vivent. Alors, ils inventaient des petits boulots, sans pouvoir vraiment en faire des activités rentables, faute de capital. C'est ainsi, qu'ayant persuadé quelques ONG[2] d'aide humanitaire de la nécessité de reconvertir leur action, nous finançâmes, par leur intermédiaire, des petits projets d'artisanat et de services, qui complétaient dans les villages le revenu de l'exploitation agricole et des projets un peu plus importants dans les villes, où le marché était plus large.

Je me souviens de Vesna qui travaillait dans une société d'État vendant des produits alimentaires, avant de perdre son emploi. Constatant que pendant la guerre on ne trouvait plus de sucre en morceaux, elle décida d'en fabriquer. Elle commença avec 10 kg de sucre en poudre dans sa cuisine. Le prêt lui permit

---

1. Le Deutsche Mark était alors la monnaie la plus courante en Bosnie, à côté de la monnaie locale.
2. Organisations non gouvernementales.

d'acheter un petit équipement. Un an après, elle fabriquait dans un hangar trois tonnes de sucre en morceaux par semaine et avait engagé deux ouvriers. Goran et son frère, soldats démobilisés, n'avaient pas retrouvé d'emploi, les usines étant toutes fermées. Le prêt qu'ils ont reçu leur a permis d'installer une station de lavage de voitures, avant de construire un garage où ils pouvaient faire aussi des réparations.

Mais les plus émouvants étaient mes contacts avec les femmes de Srebrenica. Elles étaient là, regroupées dans les centres de réfugiés, aménagés à la hâte, dans les écoles ou les dispensaires. Abattues, les yeux rougis par les larmes, elles tentaient d'occuper leurs mains en tricotant. L'une d'elles m'a dit : « Ils veulent nous montrer à des psychiatres, mais je ne suis pas folle. Mon mari est mort et mes deux fils aussi. Ils ne comprennent pas la souffrance. Ce n'est pas moi qui suis folle. » Nous leur proposions des prêts pour commencer une petite activité. Elles nous regardaient avec des yeux ébahis : « Mais ce sont nos maris qui s'occupaient des problèmes d'argent. Nous nous occupions des enfants, des animaux de la ferme et du potager. Nous ne sommes pas capables de vendre quoi que ce soit. » Mais comme elles n'avaient rien à faire, nous continuions à discuter et elles étaient contentes d'être traitées comme des êtres responsables. Un jour, en parlant avec un groupe de femmes, je leur ai dit : « Nous ne pouvons pas effacer la tragédie, elle fait partie de votre vie, mais vous devez, maintenant, pour vous et vos enfants chercher à revivre, à sortir de l'aide humanitaire, à trouver un moyen de subsistance. Je mets ces 500 DM sur la table. Je les prête, de ma poche, à celle qui veut se lancer. » Il y eut un grand silence. Elles regardaient l'argent, comme si c'était une grenade. Et puis, l'une d'entre elles se décida. Oui, elle était prête à acheter des vêtements et à les revendre sur le marché. Nous sommes convenues, oralement, des modalités de remboursement auprès de l'association Bospo, qui allait intervenir auprès des femmes et du fait que ces remboursements serviraient au financement d'un nouveau prêt. Leila commença son commerce, et avant même qu'elle ait remboursé, d'autres femmes se lancèrent, à leur tour, dans de petites activités qui correspondaient à leur savoir-faire : l'une loua un petit lopin pour planter des pommes de terre, l'autre acheta deux chèvres et fabriqua du fromage, la troisième – oh, surprise – acheta des poissons rouges, passion de son fils de quatorze ans. Pendant que le fils s'occupait de l'élevage des poissons, elle les vendait sur le marché et les gens les achetaient comme un signe que la paix était revenue.

C'est ainsi que dans un pays sortant de la guerre, le microcrédit est devenu un moyen concret, si limité soit-il, pour passer de la violence à la reconstruction et à l'espoir. Lorsqu'une femme réfugiée de Srebrenica arrête de pleurer pour planter des pommes de terre, c'est la vie qui renaît. Lorsqu'un soldat démobilisé fait du commerce avec son ennemi, c'est la guerre qui s'efface. Aujourd'hui, le Projet d'initiatives locales couvre la Fédération de Bosnie et Herzégovine et la République serbe. Il a 72 000 clients actifs, dont 50 % sont des femmes. Les microentreprises qu'il finance emploient près de

142 000 personnes. Les taux d'impayés sont pratiquement nuls. Les taux d'intérêt pratiqués ont baissé avec la concurrence et la professionnalisation des institutions de microcrédit. Certaines d'entre elles ont fusionné pour réaliser des économies d'échelle. Plusieurs font appel à des financements commerciaux. La Bosnie est le pays d'Europe où le microcrédit est le plus développé.

J'ai reçu récemment le rating de Mi-Bospo fait par PlanetFinance [1] : quarante pages de rapport, évaluant successivement tous les facteurs de bonne santé financière de la gouvernance à la rentabilité. L'évaluation aboutissait à une notation globale de A, éliminant tout risque à court et moyen terme pour des investisseurs potentiels. Mi-Bospo a aujourd'hui un portefeuille de 5,6 millions d'euros et 7 000 clientes actives. L'association ne prête plus pour les activités génératrices de revenu du secteur informel, mais pour des microentreprises familiales de femmes. Le montant de ces prêts a augmenté : il est passé depuis 1996 de 1 800 à 4 500 BAM [2] mais ne dépasse pas 80 % du PIB par tête, prouvant la fidélité de Bospo à la cible. Ravie de ce succès, j'ai ressenti en même temps une sorte de malaise. Ce rating, fait par des financiers, pour des financiers, ne prenait en compte qu'une des deux faces du microcrédit. Il réduisait l'évaluation sociale à quelques chiffres pour ne pas dépareiller les indicateurs financiers. J'ai cherché en vain le signe de naissance de l'institution : l'immense courage des femmes de

---

1. Organisation intervenant en matière de formation, conseil et rating auprès des institutions de microfinance.
2. Devise bosniaque équivalente au mark. Le taux de change BAM/EUR est de 1,96.

Srebrenica qui ont eu la force de surmonter leur douleur pour recommencer à vivre.

Le droit à l'initiative économique en Europe de l'Ouest

Le crédit solidaire en France

La réussite du transfert de la Grameen bank en Afrique m'incita à tester la même approche en France. N'ayant trouvé aucune association de lutte contre l'exclusion qui soit intéressée à expérimenter le système – « En France, nous avons un socle social qui rend inutile ce type d'approche », m'avait assurée une interlocutrice – j'ai décidé de passer à l'acte avec l'appui de deux amis, Francis Bour et Oscar Ortsman, puisqu'il fallait être trois pour créer une association. À l'image de nos clients futurs, nous n'avions pas un sou. Pas de clients non plus, d'ailleurs. Nous les pistions désespérément dans les soupes populaires et dans les HLM de Seine-Saint-Denis. Nous trouvâmes les premiers au dispensaire de Médecins sans frontières et essuyâmes un échec cuisant, car aucun ne nous remboursa notre prêt. Entre-temps nous pûmes mobiliser quelques fonds pour financer le recrutement de deux jeunes chargées de mission. Ce n'était pas possible d'avancer autrement, puisque tous les trois nous travaillions à temps plein et ne pouvions consacrer qu'un petit temps partiel au bénévolat. Par une série de coups de chance – un premier client sérieux, quelques autres bénévoles, une subvention tombée du ciel – nous progressâmes peu à peu. Quatorze ans après, j'ai rencontré l'un de nos premiers clients. Il était béninois d'origine et ambulancier. En quatorze ans, il s'était un peu arrondi, mais il avait gardé son sourire. Il m'a dit qu'il avait acheté une autre ambulance et que ses affaires marchaient bien. Et il ajouta : « Puisque vous m'avez aidé lorsque j'en avais besoin, j'ai essayé aussi d'aider les autres. J'ai créé un fonds dans mon village pour financer les projets des jeunes. » C'était vraiment la plus belle des nouvelles.

À partir du moment où nous trouvâmes nos premiers clients, ce sont eux qui nous ont portés. Il était plus facile de trouver des fonds, dès lors que l'on pouvait prouver que toute cette histoire de « crédit solidaire » n'était pas une pure vue de l'esprit. Une émission d'« Envoyé spécial » sur la « Banque des pauvres » lança d'autres reportages sur l'action menée par l'association. Le prix des Droits de l'Homme des lecteurs de *La Croix* et de *La Liberté de Fribourg* nous ouvrit la première page du quotidien. Sans aucun effort de communication de notre part, notre action intéressait les journalistes : c'est tellement rare des gens démunis qui se battent pour réussir, alors que tant d'autres baissent les bras. De belles histoires de courage et de victoire sur l'adversité. Des histoires de héros ordinaires pour des gens ordinaires. Aziz, le jeune beur, qui monte un vidéo club. Alice, qui après un accident de voiture et deux ans de RMI, rebondit et devient esthéticienne. André, le cadre en fin de carrière, qui ne peut plus retrouver d'emploi salarié et devient formateur informatique pour ceux qui achètent un ordinateur et ne savent pas s'en servir. Colette qui fait du secrétariat à domicile, ce qui lui permet de garder ses enfants. Laetitia qui à cinquante ans apprend à conduire pour pouvoir vendre sur les marchés et retrouver son indépendance : son mari la battait et l'enfermait à la maison. Elle économise de l'argent pour installer ses enfants : « Mon fils a un camion qui est plus beau que le mien. Je l'ai aidé. C'est normal, c'est mon fils. » Diego, le gitan qui rempaille les chaises et décide de sortir du travail au noir. Carmen qui crée une entreprise de nettoyage avec pour tout apport un seau et une serpillière. Elle a aujourd'hui vingt employés et dit : « Je me bats pour eux. Je ne veux pas qu'ils se retrouvent au RMI comme cela m'est arrivé. »

Peu à peu, notre clientèle se développa. Il y a eu ceux qui entendirent parler de l'Adie par les emprunteurs, ceux qui virent un reportage à la télé, ceux qui furent orientés par les assistantes sociales ou par les organismes d'aide à la création d'entreprise. Par des approches successives, nous pûmes mieux cerner les besoins de nos clients et mettre au point des méthodes adaptées. Elles étaient forcément très différentes des méthodes utilisées dans les pays en voie de développement :

• Les clients dans les pays du Sud étaient pauvres mais actifs. Ils constituaient la majeure partie de la population. En France, nos clients étaient des personnes traumatisées par des années de chômage, ayant, le plus souvent, perdu confiance en elles-mêmes.

• Dans le Sud, les pauvres développaient des activités génératrices de revenu. En France, nos clients créaient des entreprises nouvelles, ce qui avait deux sortes de conséquences : ils avaient besoin d'un minimum de fonds propres et ne pouvaient pas se passer d'appui pour pénétrer dans un univers nouveau pour certains, et pour tous, particulièrement complexe.

• Dans les pays en voie de développement, les microentrepreneurs vendaient sur un large marché ouvert à la grande majorité de la population. En France, leur marché se trouvait plutôt dans les espaces interstitiels, délaissés par les entreprises plus importantes.

• Dans les pays du Sud, les sommes prêtées étaient très faibles, à l'image des revenus des habitants : le prêt moyen, au Bangladesh, s'élevait à 60 dollars et le PIB par habitant à 514 dollars par habitant. En France, le montant du prêt – 2 500 euros – était plus élevé, mais le rapport avec le PIB par tête de 22 000 euros était du même ordre.

• Dans les économies traditionnelles, les emprunteurs vivaient à proximité les uns des autres. Ils se connaissaient et les liens de solidarité étaient forts. En France, la densité des clients était faible, la solidarité avait été irrémédiablement perdue avec l'urbanisation et il n'était guère possible – à l'exception des communautés de femmes africaines ou des gens du voyage, qui avaient préservé le lien social – d'utiliser la méthodologie de groupe.

Le système fut donc bâti en tenant compte de toutes ces données de base. Le public visé était celui des chômeurs et des allocataires du RMI, qui souhaitaient créer une entreprise ou régulariser une activité informelle, mais n'avaient pas accès aux banques. L'Adie offrait à ces clients non seulement du crédit mais un financement complet de leur projet comprenant prêt et fonds propres ou quasi-fonds propres, ainsi qu'un service d'accompagnement. Pour ceux qui hésitaient à se lancer, doutant de leurs capacités professionnelles et de leur résistance, une Bourse des matériels permettait d'emprunter un équipement de base – camionnette, stand ou – microordinateur – pour tester l'activité projetée.

Il a fallu près de cinq ans pour trouver véritablement notre clientèle et mettre au point les méthodes. Nous avons souhaité alors étendre l'opération, mais la loi bancaire n'autorisait les associations à prêter que sur leurs fonds propres et les nôtres étaient désespérément limités. L'Adie marchait à coups de petits miracles quotidiens et le miracle, en l'occurrence, a été précisément cette émission d'« Envoyé spécial », qui fut regardée par des administrateurs du Crédit mutuel. Elle les intéressa, et leur rappela les origines de leur réseau. Je me suis retrouvée ainsi, un matin, autour d'une table de petit déjeuner organisé à la Confédération du crédit mutuel. Le Président et les membres du Conseil d'administration me posèrent des questions sur notre programme. À la suite de cette rencontre, nous signâmes un accord cadre, qui devait nous permettre de négocier des accords plus opérationnels avec les différentes fédérations régionales. Le Crédit de Bretagne signa le premier, suivi de près par le Crédit mutuel du Dauphiné-Vivarais. Nous nous retrouvâmes rapidement avec sept conventions dans différentes régions de la France. Cette expérience encouragea d'autres réseaux bancaires à faire de même et peu à peu nous conclûmes une cinquantaine de conventions avec des banques appartenant à tous les réseaux mutualistes et avec trois caisses de Crédit municipal.

Ce partenariat avec les banques a eu l'immense avantage de nous obliger à mieux contrôler le remboursement des prêts. Dans tous les programmes de microcrédit, les impayés dépendent pour l'essentiel des méthodes employées et de l'attitude des agents de crédit. Personne n'aime rembourser et, si le contrat n'est pas présenté de façon claire et rigoureuse, les remboursements ne se font pas. Nous n'avions pas la possibilité de créer des groupes de solidarité, mais nous décidâmes de demander des cautions partielles sur la moitié du prêt. Ces cautions avaient un double but. D'une part, elles permettaient de vérifier que les emprunteurs étaient honorablement connus dans leur milieu et que des amis ou voisins étaient prêts, le cas échéant, à les aider dans la réalisation de leur projet. D'autre part, elles servaient de moyen de pression, au cas où les emprunteurs refuseraient de rembourser, tout en ayant les moyens de le faire.

Parallèlement à ces cautions solidaires, nous nous sommes aperçus, à travers l'une de nos études d'évaluation, que les entreprises s'arrêtaient très souvent au démarrage. Le créateur avait un projet bien préparé, il avait trouvé, non sans peine, le financement et le local de l'entreprise, mais, tout à coup, il était pris d'une crise d'angoisse, d'une sorte de blues comme en ont les jeunes mères qui se disent « je n'y arriverai pas ». Une attitude plus claire vis-à-vis des emprunteurs sur la nécessité de rembourser le prêt, les cautions solidaires et un accompagnement renforcé au démarrage nous permirent de passer progressivement de

25 % à 6 % d'impayés. C'était mieux que ce qu'obtenaient les banques en matière des prêts à la création d'entreprise.

Dans le partenariat avec les établissements bancaires, nous partagions le risque, 30 % pour la banque et 70 % pour l'association. La banque décaissait le prêt qui restait dans son bilan et elle touchait les intérêts. Nous assurions toute l'intermédiation sociale et financière. Après trois échéances impayées, nous rachetions le montant restant dû sur nos fonds propres, épargnant à la banque les problèmes de recouvrement, dont le coût était disproportionné, par rapport au montant prêté.

L'inconvénient de ce type de partenariat était la duplication des tâches de gestion et les délais relativement longs de décaissement des prêts et d'information sur les impayés. Les gens attendaient parfois deux mois, après la décision d'octroi, avant d'avoir les fonds. Ils perdaient un peu de leur dynamisme. Le petit local ou la camionnette d'occasion, qu'ils avaient trouvés à grand-peine, n'étaient plus disponibles. Si l'on voulait étendre le crédit solidaire, il fallait essayer de simplifier le système. Nous élaborâmes, avec l'aide d'un petit groupe de banquiers, un projet d'amendement à la loi bancaire, qui nous permettrait d'emprunter pour prêter. Le Trésor n'était pas très chaud. La loi bancaire était considérée comme sacrée. C'est grâce à l'Association française des banques que nous sommes arrivés à faire passer notre projet. Le Crédit mutuel de Bretagne fut, une fois de plus, le premier à adopter le système, en même temps que le Crédit coopératif. Un petit pas venait d'être franchi pour faciliter l'accès au crédit des personnes en difficulté. Le grand pas reste le taux d'usure, qui plafonne les taux d'intérêt sur les prêts aux entreprises individuelles et rend impossible la couverture des coûts, créant, de toutes pièces une défaillance du marché. En sens inverse, nous nous battons pour faire baisser les cotisations sociales au démarrage pour les créateurs. Non seulement le travail est surimposé en général, puisque les charges sociales s'élèvent en moyenne à 42 % du revenu, mais encore par suite des effets de seuil, ce sont ceux qui gagnent le moins, qui payent le plus. D'un côté, le gouvernement proclame sa volonté de remettre les Français au travail et d'encourager l'initiative économique, de l'autre il maintient un système économiquement absurde et socialement injuste où un travailleur indépendant démarrant son activité au niveau du RMI (environ 400 euros par mois) se voit prélever 54 % de son revenu en cotisations sociales, alors que, dans le cadre des minima sociaux, il ne payait rien et bénéficiait des mêmes prestations. Bien évidemment, un tel système ne peut marcher. Les gens restent au RMI et tombent dans la « trappe au travail au noir ». Tout le monde y perd ; l'entrepreneur qui n'est pas en mesure de développer son entreprise, les caisses de cotisations sociales, dont les adhérents vieillissent et sont, de moins en moins, nombreux, les contribuables qui supportent le coût du RMI et le déficit des caisses. Le concept même de protection sociale perd son sens : mourir de faim ou de froid pour bénéficier de l'assurance maladie n'a aucun intérêt. Autant rester au RMI, bénéficier de la Couverture maladie universelle et faire des petits boulots au noir. L'absence de reconnaissance crée une frustration profonde chez ceux qui sont obligés de se cacher pour travailler. Dans une enquête, menée par l'Adie, dans les quartiers en difficulté, Rachid, 21 ans, explique : « Quand je me fais contrôler par un agent de police dans la rue, je suis un délinquant qui ne bosse pas. Pourtant je me lève tous les matins à 6 heures pour aller travailler. » Et Mohammed répond : « Mes parents m'ont toujours dit qu'il fallait travailler pour vivre et faire vivre sa famille. Si l'État dit que c'est illégal, je crois que l'État est fou. » Mais entre le peu d'intérêt de la classe politique pour le travail indépendant et la complexité du régime social des travailleurs indépendants que seuls quelques spécialistes arrivent à maîtriser, la cause est difficile à gagner. Nous ne perdons pas espoir, pour autant. Nos propositions viennent d'être intégrées dans le projet de loi de cohésion sociale du gouvernement. Si elles sont mises en œuvre, les murs de Jéricho seront tombés à force d'en faire le tour au son des trompettes. Si elles ne sont pas appliquées, nous continuerons à tourner, jusqu'à obtenir gain de cause.

Aujourd'hui, l'Adie a 10 000 clients actifs et un réseau de plus de 100 antennes qui couvre toute la France, animé par 300 permanents et 700 bénévoles. Elle finance et accompagne 6 000 nouveaux chômeurs par an, dans la création de leur entreprise et ce nombre croit tous les ans. Le financement de près de 25 000 entreprises nous permet de tirer des enseignements significatifs pour le développement du micro-crédit dans les pays industriels.

• Il existe, d'abord, une demande forte, qui est suscitée par l'offre. Nous l'évaluons actuellement entre

30 000 et 40 000 projets par an, mais elle pourrait aisément être multipliée par 10, si les obstacles à la création étaient levés.

• L'esprit d'entreprise et la réussite finale sont indépendants du niveau d'éducation. Près de 20 % des clients de l'Adie savent à peine lire et écrire, certains même sont illettrés. À peu près autant ont fait des études universitaires. Les uns et les autres ne créent pas le même type d'entreprises, mais chacun réussit dans le métier qui est le sien. Il faut juste un peu plus d'accompagnement administratif pour ceux qui maîtrisent mal la langue et l'écriture.

• Le taux de remboursement des prêts (94 %) est meilleur que celui des prêts bancaires à la création d'entreprise et le taux de survie (64 % au bout de trois ans) est supérieur à la moyenne nationale des entreprises individuelles. L'arrêt de l'activité ne veut pas dire retour à la case départ. La plupart des créateurs, qui abandonnent leur projet, soit en créent un autre, soit, s'étant remobilisés, trouvent une activité salariée, qui leur convient mieux. Au total, le taux d'insertion des créateurs est de 75 %.

• Les banques interviennent volontiers dans le financement des prêts en prenant en charge une partie du risque, à partir du moment où celui-ci est bien maîtrisé et où les coûts d'accompagnement sont externalisés.

• Le coût pour la collectivité d'une entreprise nouvelle correspond à l'accompagnement (2 000 euros par projet), à une partie du risque prise en charge par l'État (100 euros par prêt), augmentés, le cas échéant, d'une aide nationale ou régionale au créateur d'entreprise (2 000 euros en moyenne). Les emplois créés, grâce au crédit solidaire de l'Adie, sont les moins chers du marché. Leur coût varie entre 12 % et 24 % du coût annuel d'un chômeur [1].

En dépit de l'impossibilité de créer une institution de microfinance pérenne, et de la difficulté de mobiliser les fonds d'accompagnement, le programme présente, au-delà de ses effets directs, l'intérêt majeur d'être un programme de développement économique et non pas de réparation sociale. Fondé sur la création d'activités viables, préalable normal à la création d'emploi et sur la pleine initiative et responsabilité des entrepreneurs, il permet l'intégration directe des exclus dans l'économie de marché et leur intégration progressive dans les circuits bancaires classiques. Les emprunteurs paient le taux d'intérêt et remboursent leurs prêts. Ils sont donc traités, en matière de crédit, comme les autres clients, le système mis en place par l'Adie, avec l'appui des banques, suppléant à la carence du marché. La seule discrimination positive à leur égard est l'accompagnement et, dans certains cas, un petit apport de fonds propres, qui, après des années de chômage, permet de les mettre au niveau des autres acteurs économiques. Enfin, il ne s'agit pas d'une action ponctuelle et limitée, mais bien d'un programme ayant un potentiel de développement au niveau national, répondant autant à la demande des chômeurs, qu'à l'intérêt des contribuables.

Bien que le crédit solidaire démontre les résultats

---

1. Ce coût, évalué dans les années 90, par le ministère du Travail et des Affaires sociales, à 18 000 euros, comprend le coût des prestations et le manque à gagner en matière d'impôts et de cotisations sociales.

positifs d'un programme bâti sur l'initiative des exclus et la solidarité de la société civile, l'Adie a deux années difficiles devant elle. Sa dépendance par rapport aux subventions la rend extrêmement fragile. Au bout de siècles de centralisation administrative, la France a décidé de donner plus de pouvoirs aux collectivités locales. Du point de vue de l'intérêt général, le schéma retenu n'est pas à la hauteur des espérances, mais l'association va perdre une large part des financements accordés jusqu'à présent par l'État. Ce sont les régions qui seront désormais chargées du développement économique et de la formation professionnelle, les départements ayant déjà la responsabilité de l'insertion. C'est donc auprès des collectivités territoriales que l'Adie devra désormais trouver les fonds nécessaires pour financer l'accompagnement des créateurs et les surcoûts de gestion. Si la proximité de celles-ci par rapport au terrain leur permet de mieux évaluer les résultats en matière de création d'entreprise, les incertitudes en matière de transfert des crédits de l'État rendent le financement de ces actions incertain pour les prochaines années.

Le microcrédit dans l'Union européenne
Aujourd'hui, l'idée du microcrédit s'est étendue dans d'autres pays de l'Union européenne. Contrairement aux pays du Sud, cette adoption a été lente, car non seulement le microcrédit a dû prendre racine sur le terreau peu favorable de l'État providence et de la prééminence du travail salarié, mais encore le financement a été et reste difficile à trouver. Il existe néanmoins une demande potentielle importante. D'une

part, contrairement aux idées reçues, les microentreprises constituent une part majeure de l'économie européenne. Définies comme employant moins de 10 salariés, elles représentent 89 % du nombre total des entreprises, 28 % de la valeur ajoutée et 21 % de l'emploi. D'autre part, à côté des microentreprises existantes, il existe un vaste secteur informel, qui ne fait que croître, bien que son étendue réelle soit inconnue [1]. Les statistiques sur la pauvreté et le travail indépendant montrent qu'il existe une demande potentielle importante. Cette demande est largement cachée. Les banques rechignent à faire des petits prêts à la création et, plus encore, lorsque les emprunteurs sont des chômeurs. La conviction de n'avoir pas accès au crédit est enracinée dans l'esprit des emprunteurs potentiels. Mais lorsque l'offre apparaît, elle révèle la demande latente.

Du côté du financement, le paysage est assez brouillé. Il est évident qu'un chômeur a besoin d'un minimum de fonds propres, pour créer une entreprise, et qu'il en est, par nature, démuni. Les États distribuent donc des aides sous forme de primes – c'est le cas par exemple en Allemagne [2], en Irlande [3] et à certains moments en France [4] – ou sous la forme d'avances remboursables. Ils peuvent aussi accorder des exonérations de charges sociales ou fiscales au démarrage. Dans tous les cas, il s'agit de compenser le

---

1. Statistiques portant sur l'Europe des 15. Eurostat 2000. Les statistiques de l'Europe à 25 ne sont pas encore connues, mais la répartition ne devrait pas changer de façon significative.
2. Uberbrückungsgeld est une prime correspondant au montant cumulé des indemnités de chômage.
3. The Back to Work Allowance Scheme and Area Allowance Enterprise Scheme.
4. ACCRE jusqu'en 1996 et EDEN en 2003.

manque de fonds propres des créateurs d'entreprise issus du chômage ou des minima sociaux.

En matière de crédit, il y a des banques et des agences publiques, qui, comme ALMI en Suède, gèrent un programme spécifique de petits prêts. Les caisses d'épargne sont investies dans plusieurs pays d'une mission d'intérêt général, qui consiste à financer des projets de développement local et social. C'est le cas en France, mais aussi en Espagne. Les banques coopératives et les crédits municipaux ont gardé de leurs origines un intérêt pour le crédit destiné aux classes populaires. Des banques éthiques, plus récentes, et notamment Banca ethica en Italie et la Triodos bank aux Pays-Bas, se reconnaissent dans la finance solidaire et dans des projets liés à la protection de l'environnement. Et, finalement, les banques commerciales classiques peuvent se sentir, aussi, socialement responsables, comme c'est le cas de la BNP Paribas en France.

Entre l'État et les établissements bancaires, et à côté des institutions de microfinance proprement dites, il existe toute une gamme d'institutions créées à l'initiative locale ou sectorielle. On y trouve des fonds de garantie mutuelle particulièrement développés dans le secteur artisanal en Italie où CONFIDI garantit près de 100 000 prêts de moins de 25 000 euros par an, SOCAMA jouant un rôle similaire en France. On y trouve également des fonds d'investissement locaux tels que les « Community loan funds » en Grande-Bretagne et diverses associations locales ou nationales qui, dans d'autres pays, accordent des primes ou des prêts d'honneur à taux 0.

Le microcrédit a quelque peine à trouver sa place, en Europe, au confluent des actions de l'État, des collectivités locales, des banques et des institutions d'économie sociale et solidaire. La plupart de ces actions portent sur des segments de clientèle correspondant à des PME[1] plutôt qu'à des microentreprises, sont subventionnées par les Pouvoirs publics et n'ont pas pour objectif de couvrir leurs coûts.

En avril 2003, nous avons créé, avec d'autres opérateurs européens, le « Réseau européen de microfinance », qui regroupe à ce jour 28 institutions les plus diverses : un établissement public, Finnvera, en Finlande, des Caisses d'épargne ou leurs fondations en Espagne, des organisations non bancaires, comme Adie en France, Street UK en Grande-Bretagne ou Aspire, en Irlande du Nord et quelques institutions d'études et de consulting, s'intéressant particulièrement au microcrédit. Notre espoir, en créant ce réseau est de professionnaliser ses membres en diffusant les bonnes pratiques à travers des stages de formation et des échanges mutuels. Il est aussi de sensibiliser les gouvernements, la Commission européenne et les banques au potentiel du microcrédit, afin d'ouvrir le secteur financier européen à tous les acteurs économiques.

---

1. Petites et moyennes entreprises.

3.

Le microcrédit dans le monde

« Le monde est l'habitat humain. »
Henri de Saint-Simon

Ma perception personnelle ne couvre qu'un petit carré du vaste champ du microcrédit. Pendant que je suivais mon chemin, d'autres praticiens, à travers le monde, progressaient dans la compréhension des besoins et la mise au point des réponses. Comme l'observe, avec malice, Margaret S. Robinson, à partir des années 70, le personnage du missionnaire qui venait visiter les villages dans certains pays d'Asie a été remplacé par celui de banquier, accompagnant la révolution verte[1]. L'intensité de la foi et la variété des approches en matière de microcrédit ont d'ailleurs pu être comparées à celle des ordres religieux.

---

1. Margaret S. Robinson, *The Microfinance Revolution*, The World Bank and the Open Society Institute, 2001.

Une grande variété d'institutions

Comme beaucoup d'innovations, le microcrédit naquit, de façon à peu près simultanée, dans différentes régions du monde. Si l'expérience la plus connue reste la Grameen bank, dont l'expérimentation démarra en 1976, le premier projet de microcrédit en Amérique latine a été monté par Accion, à Recife au Brésil, en 1973, et les premières caisses d'épargne crédit en Afrique datent, elles aussi, des années 70. L'introduction du microcrédit a été plus tardive dans les pays industrialisés : l'Adie a transféré l'expérience de la Grameen bank en Europe de l'Ouest à la fin des années 80, à peu près au même moment que la Southshore bank de Chicago le faisait aux États-Unis. Le premier projet du microcrédit en Europe centrale et orientale a été celui des Fonds villageois en Albanie, en 1992. Toutes ces expériences pionnières ont défriché le terrain, découvert ou redécouvert parallèlement dans différents coins du globe le rôle fondamental du crédit dans le développement, élaboré des méthodes appropriées pour un public inconnu jusqu'alors. Elles se sont recoupées et enrichies, chacune évoluant dans son milieu, de sorte qu'il n'est pas facile d'en donner aujourd'hui, une image globale, et quasiment impossible de décrire la myriade d'expériences menées à travers le monde. Aussi, je vais me contenter de distinguer quatre grandes approches, qui, ensemble, couvrent tous les types de clientèle n'ayant pas, traditionnellement, accès au crédit.

Les organisations non bancaires de microcrédit
Le mouvement a été lancé, le plus souvent, par des associations ou fondations, se concentrant sur le crédit, dans la mesure où la collecte de l'épargne exige des autorisations difficiles à obtenir. Ces initiatives ont été prises par des acteurs engagés, partageant une vision humaniste, mais ne possédant pas, nécessairement une expérience financière.

Parmi les actions que j'ai connues de plus près, la Fondation Zakoura au Maroc illustre bien cette approche. Elle a été créée en 1995 par Noureddine Ayouch, le patron d'une grande agence de communication à Casablanca. On ne parlait pas encore d'entrepreneurs socialement responsables, mais Noureddine en était un. Il voulait faire œuvre utile, en honorant la mémoire de sa mère dont la fondation porte le nom. Il puisa dans ses propres deniers pour la créer, chercha inspiration auprès d'autres programmes de crédit et notamment auprès de la Grameen bank et de l'Adie et me demanda d'organiser une mission d'appui, pour aider la fondation à élaborer son plan d'action. Nous partîmes au Maroc avec deux conseillers de l'Adie. Contrairement aux usages, notre mission se fit sur le mode d'un échange familial : un bénévole de l'Adie prit en charge les salaires des deux conseillers et Noureddine Ayouch négocia des billets gratuits avec Air Maroc, en nous faisant loger chez lui et chez ses proches. Ce fut la mission la plus efficace de ma carrière. En quinze jours, nous découvrîmes l'action de la fondation et son environnement, bâtîmes avec son directeur un plan triennal et organisâmes un stage pour les agents de crédit. Le seul véritable problème était celui du taux d'intérêt, que Noureddine refusait obstinément, au nom de l'éthique de l'Islam. Nous allâmes, ensemble, voir les femmes qui faisaient du petit commerce sur le marché. Musulmanes, elles vendaient les grands plats traditionnels à crédit avec des taux d'intérêt de l'ordre de 100 %. Elles manquaient de fonds de roulement : si la Fondation Zakoura leur prêtait de l'argent à 20 %, leur marge était suffisante pour rembourser le prêt et améliorer les conditions de vie de la famille. Leur vrai problème était l'accès au crédit. Nous nous disputâmes du matin jusqu'au soir avec Noureddine Ayouch au sujet du taux. À un moment, il fut sur le point d'abandonner le projet. La réunion du Conseil d'administration qui comprenait plusieurs grands patrons du Maroc et plus particulièrement des banquiers trancha définitivement la question : si la Fondation Zakoura voulait l'appui des banques et des grandes entreprises, il fallait qu'elle couvre à terme ses coûts. Les partenaires n'allaient pas verser leurs contributions dans un puits sans fond.

La Fondation Zakoura œuvre aujourd'hui dans la plus grande partie du Maroc et compte plus de 120 000 clients actifs. Elle accorde des petits prêts progressifs de 500 à 5 000 dirhams [1] aux travailleurs indépendants et des prêts un peu plus importants, de 5 000 à 25 000 euros, pour la création de microentreprises. Elle prête aussi pour améliorer l'habitat, équiper les foyers ruraux sans électricité d'un système photovoltaïque et brancher les maisons rurales au

---

1. 10 dirhams correspondent à 1 euro.

réseau d'eau potable. Son taux de remboursement est de 99,7 %. À côté du programme de microcrédit, la fondation mène des programmes d'alphabétisation et de formation des populations rurales. Exemple d'un engagement citoyen, elle apporte une contribution majeure au développement du Maroc et à la réduction des inégalités.

À une échelle beaucoup plus petite, la Fondation de développement rural en Pologne a suivi un parcours similaire : créée par l'Église catholique, avant la chute du régime communiste, elle était la première fondation existant dans le pays à cette époque. Son activité fut d'abord orientée vers l'équipement en eau des villages. À la fin des années 90, alors que j'essayais de lancer, une fois de plus, un programme de microcrédit dans le cadre d'une opération de la Banque mondiale, elle démarra, sur ses fonds propres, un programme pilote destiné aux petits paysans et aux ouvriers licenciés par les anciennes fermes d'État. C'était le public le plus difficile à atteindre. Les ouvriers agricoles, plus particulièrement, avaient été habitués à un travail peu productif, sans aucune responsabilité. Ils n'avaient pas d'autonomie professionnelle. Beaucoup d'entre eux avaient été rapatriés de la partie orientale de la Pologne, abandonnée à l'Union soviétique, au moment des accords de Yalta. Ils avaient perdu leurs racines et s'étaient insérés, tant bien que mal dans les fermes d'État, pour être, une nouvelle fois, trahis par l'histoire. Il leur restait un petit logement, bâti en rase campagne, loin du village, loin de l'école, loin du marché, auquel ils s'accrochaient, n'ayant aucun autre endroit où aller. Beaucoup étaient submergés par l'amertume et noyaient leur désespoir dans la bière. D'autres, lorsqu'on commençait à parler crédit, s'animaient. Leurs yeux s'allumaient. On avait l'impression que le rêve envahissait la pièce et prenait une forme réelle. Justement, il y avait un lac à côté et pas mal de jeunes qui venaient le week-end. On pourrait peut-être leur louer des kayaks ou des bicyclettes. Le champ de la bataille de Grunwald [1] n'était pas loin non plus : on pourrait confectionner des objets souvenirs pour les touristes et monter un kiosque pour les vendre. Le beau-frère avait été menuisier à la ferme d'État : il donnerait bien un coup de main. Ou alors, on pourrait, peut-être, élever des oies autour de la maison et faire des duvets. Il faudrait un petit local et une machine à coudre pour les confectionner, mais la pièce derrière la salle des fêtes ne servait à rien. On devrait pouvoir la louer : plus personne ne faisait de fêtes depuis que l'avenir s'était brusquement fermé. C'était, comme toujours, une expérience étrange que de voir les gens traverser la frontière entre le vide absolu et la perspective d'une issue possible. Par le miracle de l'espérance, ils redevenaient vivants. Même chez ceux que l'administration et l'opinion publique considéraient comme irrécupérables, la petite flamme de l'esprit d'entreprise, toute vacillante qu'elle fût, ne s'était pas éteinte. En dépit de mille difficultés, liées à l'éloignement des marchés, à l'absence de mobilité et d'expérience entrepreneuriale de la clientèle cible, le programme de la Fondation de développement rural

---

1. Lieu de la victoire des Polonais et des Lituaniens sur les Chevaliers Teutoniques en 1410.

a pris son envol et continue à se développer dans plusieurs régions de Pologne. Il compte aujourd'hui 4 000 clients.

Les coopératives d'épargne-crédit

Les coopératives d'épargne-crédit ne rejoignirent pas tout de suite le mouvement du microcrédit : elles avaient leur propre histoire, qui remontait au XIXe siècle et elles étaient orientées, en premier lieu, vers la collecte d'épargne et les prêts à la consommation. La jonction entre les deux s'est réalisée progressivement, au plus grand bénéfice du microcrédit, qui trouva, ainsi, des ressources de financement nouvelles et à celui de l'épargne qui découvrit des formes plus dynamiques d'utilisation des dépôts. Au-delà des exemples, déjà cités, d'Albanie ou d'Afrique de l'Ouest, les réseaux coopératifs sont très implantés dans de nombreux pays et particulièrement adaptés au milieu rural. Des « credit unions » irlandaises, qui résistèrent avec succès aux directives européennes pour être rattrapées par la réglementation bancaire nationale, au Crédit mutuel du Sénégal dont le réseau couvre tout le territoire national, les exemples sont nombreux. Dans les pays d'Europe centrale et orientale, les coopératives d'épargne-crédit connurent une croissance remarquable – 1,2 million de membres en Pologne, 1,5 million en Roumanie, et plus de 100 000 en Ukraine[1]. Il est vrai que les réseaux mutualistes existaient, avant la guerre, dans beaucoup de pays. Ils avaient été

---

1. Overview of the microfinance industry in the ECA region in 2003, MFC Spotlight, note.

nationalisés pendant la période communiste, mais la mémoire en était restée vivante. Elle s'incarnait dans les caisses de secours des entreprises d'État, qui permettaient aux ouvriers de mutualiser leur épargne, pour emprunter en cas de difficulté personnelle ou pour acheter des équipements ménagers.

Les programmes spécialisés des banques
Si un grand nombre d'opérations ont démarré à partir de la base, pratiquant délibérément une approche opposée à celle des banques, il est arrivé que les banques prennent l'initiative et créent, de toutes pièces, un programme de microcrédit destiné aux populations pauvres. L'exemple le plus remarquable est la Bank Rakyat Indonesia. Connue, dans les années 70, pour ses méthodes bureaucratiques, la BRI, distribuait du crédit rural subventionné par l'État, sans trop se soucier de son remboursement. Elle décida, en 1983, de tirer les leçons de ses échecs en réorganisant profondément, sur une base commerciale, ses services locaux. Le succès fut extraordinaire. Fin 1999, la BRI avait 2,5 millions de microprêts en cours, pour un montant total de 802 millions de dollars. La réorganisation de l'échelon de base de la banque, « unité desa », se fit avec le plein soutien du gouvernement, dans le cadre des réformes entreprises en Indonésie, à la suite de la crise économique et financière. Cette réorganisation transforma les agents distributeurs de crédit subventionné, en véritables intermédiaires financiers au service de la clientèle. Un seul type de prêt, nommé « Kupedes », fut proposé aux paysans. En 1999, son montant unitaire variait de 3 à plus de

3 000 dollars. Le taux d'intérêt de 32 % permettait de couvrir les coûts et plusieurs produits d'épargne étaient offerts au public. Cette révolution commerciale était un véritable défi à l'échelle d'une grande institution. Elle changea les comportements du personnel et permit d'apporter un vrai soutien au développement des zones rurales où vivent 80 % des Indonésiens. L'histoire de la BRI est l'exemple d'une politique clairvoyante et déterminée, menée conjointement par la banque et par les Pouvoirs publics, au bénéfice de la croissance et de la cohésion sociale[1].

Parmi d'autres expériences bancaires, pratiquées notamment en Amérique latine, en Europe centrale et orientale, mais aussi en Espagne, il y a celles de « guichets spéciaux » des banques commerciales, soutenues par les grandes banques de développement[2]. Le soutien comprend généralement l'octroi d'une ligne de crédit, partiellement garantie, et d'une subvention qui porte sur la mise en place du programme et la formation du personnel. Ces initiatives visent, en règle générale, le haut de la cible : les petites entreprises, qui ont des difficultés à accéder au crédit, mais ne touchent pas les publics les plus en difficulté. Il est intéressant de noter que la croissance de ces programmes, en Europe centrale et orientale, s'est accélérée, passant de 16 % en 2002 à 73 % en 2003.

---

1. Margaret S. Robinson, *The Microfinance Revolution*, The World Bank and the Open Society Institute, 2001.
2. Ces programmes furent soutenus par la Banque de développement interaméricaine en Amérique latine, la Banque européenne de reconstruction et de développement en Europe centrale et orientale et, plus récemment, le Fonds européen d'investissement en Espagne.

Les banques de microfinance

Enfin, au fur et à mesure que le microcrédit trouvait sa voie, des banques spécialisées en microfinance se sont créées un peu partout dans le monde. Si la Grameen bank a bénéficié d'un statut spécial, la plupart des institutions ont simplement pris le statut de banque commerciale classique. Le chemin fut ouvert par PRODEM, une organisation non bancaire de Bolivie, qui, en 1992, décida de se transformer en Banco solidario SA, dit BancoSol. Deux ans plus tard, les certificats de dépôts émis par BancoSol étaient placés sur le marché financier des États-Unis. Comme le Bangladesh en Asie, et la Bosnie en Europe orientale, la Bolivie est devenue le lieu saint du microcrédit en Amérique latine. Face à la Grameen bank, qui est la figure de proue de la lutte contre la pauvreté, BancoSol est le leader de l'approche commerciale du microcrédit. La banque a financé, en dix ans, plus d'un million de microentreprises. Elle a 50 000 clients actifs répartis entre 35 antennes et 5 villes de Bolivie. Elle offre à ses clients tous les services financiers : prêts individuels de 300 à 30 000 dollars, prêts de groupe jusqu'à 3 000 dollars, prêts à la consommation, garanties, comptes d'épargne, transferts internationaux. paiement d'impôts et cartes bancaires.

Quelques années après la création de BancoSol, la Société financière internationale (SFI) décida, sur la demande du président de la Banque mondiale, James Wolfensohn, d'intervenir dans le domaine du crédit en créant une banque de microfinance en Bosnie. Je travaillais, à l'époque, entre Washington et

Sarajevo, en contact avec les populations les plus éprouvées par la guerre et le projet me paraissait peu réaliste, dans les conditions de rentabilité financière exigées par la SFI. En fait, la banque, fortement subventionnée au démarrage, trouva son équilibre et couvrit un segment de marché, au-dessus de celui des organisations non bancaires. A la lumière de la transformation d'un grand nombre d'associations de microfinance en établissements bancaires et de la création, ex nihilo, de banques de microfinance, je constate que ce qui était difficile à imaginer il y a dix ans existe aujourd'hui. En Europe centrale et orientale, leur portefeuille a doublé en 2002, puis de nouveau en 2003 [1]. Dans la mesure où les méthodes ont été mises au point, il est possible et, dans beaucoup de cas souhaitable, dans les régions où la demande est forte, où le financement est accessible et où la législation est favorable, de choisir directement un statut bancaire. La démarche des associations demeure essentielle pour atteindre des populations les plus démunies, mais elle n'est pas indispensable pour mener de façon efficace un programme de microcrédit visant une clientèle populaire.

Les réseaux d'appui
Les institutions de microcrédit ne se seraient pas développées de façon aussi rapide, sans le soutien des réseaux et des centres-ressources, créés pour mutualiser l'expérience, diffuser les bonnes pratiques et dans

---

1. Overview of the microfinance industry in the ECA region in 2003, MFC Spotlight, note.

certains cas apporter des ressources financières aux membres. Les grands réseaux se sont constitués, le plus souvent à partir de l'expérience de terrain. Ils regroupent aujourd'hui des dizaines de membres[1]. Ainsi Accion a été fondée, en 1961, par un étudiant en droit, américain, Joseph Blatchford, pour lutter contre la pauvreté en Amérique latine. C'est en travaillant sur le terrain, que les responsables d'Accion découvrirent la difficulté pour les familles, venues de la campagne, de trouver un emploi en ville. La mise en place d'un système d'eau potable ou la création d'une école apportaient un service collectif à la communauté, mais ne résolvaient pas le problème du revenu des ménages. Ceux-ci vivaient, essentiellement, de petites activités informelles. Il fallait donc les aider à développer ces activités artisanales ou commerciales, en leur ouvrant accès au capital. C'est ainsi que le premier programme de microcrédit, lancé au Brésil, fut étendu progressivement à d'autres pays de la région. Un taux de remboursement de 97 %, la création d'un fonds de garantie, le « Bridge fund », et la couverture de coûts opérationnels permirent à Accion d'entrer en partenariat avec les banques locales et de multiplier par 20, entre 1989 et 1995. Le montant total des prêts consentis par les membres. Le réseau d'Accion couvre, aujourd'hui, 15 pays d'Amérique latine, 5 pays africains et 30 villes des États-Unis. Il compte plus de 800 000 clients actifs, représentant un portefeuille

---

1. Parmi ces réseaux, les plus importants sont Opportunity International, FINCA, World Vision, etc.

de 443 millions de dollars. En dix ans, de 1992 à 2003, il a servi plus de 3,2 millions de clients et distribué 5,8 milliards de dollars de prêts, avec un taux de remboursement moyen de 97 %. Accion est devenue pour l'essentiel un réseau d'appui financier et technique : à travers les outils d'investissement qu'elle a créés, elle apporte des fonds propres, la garantie des prêts et des ressources d'urgence à ses partenaires. Elle met parallèlement à leur disposition des services de formation et d'assistance technique. L'accès au marché des capitaux des institutions de microfinance, affiliées au réseau, leur permet, à terme, d'atteindre des millions de clients. Accion USA tente de transférer aux États-Unis l'expérience, acquise en Amérique latine, en travaillant pour l'essentiel avec une clientèle hispanophone.

Face aux réseaux issus du terrain, le CGAP [1], initiative de la Banque mondiale et des bailleurs de fonds internationaux pour développer le microcrédit, a suivi une démarche plus institutionnelle. Il a joué un rôle important en diffusant les bonnes pratiques auprès d'institutions plus récentes et en élaborant progressivement des règles du jeu. Ayant eu l'honneur de participer à son premier groupe de conseillers avec Muhammad Yunus, Maria Otero, présidente d'Accion, Ela Bhatt, fondatrice de SEWA [2], Kimanthi Mutua, directeur général de K-Rep [3], Renée Chao Béroff du CIDR et quelques autres, j'ai le sentiment d'y avoir autant appris que conseillé. Dans l'histoire

---

1. The Consultative group to assist the poorest.
2. Self employed women's association, Inde.
3. Kenya rural enterprise program.

de la microfinance, qui n'a pas encore été écrite, il y a eu des Don Quichotte et des Sancho Pança, des militants et des opportunistes, des visionnaires et des gestionnaires, ceux qui ouvraient des frontières et ceux qui propageaient l'image. C'est la combinaison de leurs démarches, parfois opposées, qui a permis d'avancer sur le terrain de l'action et celui de l'opinion publique, avec des tensions et des bagarres, traduisant une dialectique vivante.

De nombreux réseaux internationaux comme le SEEP [1] ou régionaux comme ceux que j'ai fondés avec quelques autres praticiens du microcrédit ont regroupé des organisations déjà existantes. Le MFC [2], créé en 1998 et localisé à Varsovie, couvre l'Europe centrale, orientale et les nouveaux pays indépendants. Il compte aujourd'hui plus de 80 membres. Il a joué un rôle important dans la professionnalisation des acteurs et les bons résultats des institutions non bancaires, comme dans la sensibilisation des gouvernements et des banques centrales. Il a permis de diffuser les bonnes pratiques au profit des institutions et de leurs clients. Le REM [3] a été créé en 2003 sur le même modèle, dans un contexte institutionnel plus difficile. Les deux collaborent étroitement, l'Europe de l'Est ayant, en matière de bonnes pratiques, une certaine avance sur l'Europe de l'Ouest. Le clonage des expériences continue et amène le MFC à créer, en partenariat avec le CGAP un centre de formation en Asie centrale.

---

1. Small enterprise education and promotion network.
2. Microfinance centre pour central and eastern europe and the NIS countries.
3. Réseau européen de microfinance. Voir pour plus de détails chapitre 2 de cette partie.

Il est impossible de raconter ici toutes les expériences pionnières et les mille façons dont elles ont disséminé leurs acquis et inoculé le virus à de nouveaux acteurs. Les méthodes du microcrédit ont été diffusées par les opérateurs et par les agences internationales ou régionales sous forme de modèles institutionnels plus ou moins achevés, pouvant être adaptés aux conditions locales[1]. Après une longue période de gestation, le mouvement s'est emballé. Mais l'histoire d'un grand nombre d'institutions de microcrédit est d'abord celle du refus de la fatalité et de l'inégalité des chances. La solidarité active dans la lutte contre la pauvreté et l'exclusion s'est traduite souvent par un parcours en trois temps : lancement par des militants d'une action sociale, évolution de cette action vers le microcrédit à la suite d'une comparaison coût/efficacité des interventions menées sur le terrain, professionnalisation et évolution vers une approche plus financière, permettant de pérenniser l'institution et de changer de dimension.

La carte du microcrédit

Né de façon quasi simultanée dans différentes régions de la planète, le microcrédit compte aujourd'hui plus de 60 millions de clients à travers le monde. Il est distribué par des milliers d'institutions de microfinance mais les cinq plus grandes couvrent la moitié

---

1. Ainsi « Microstart », combinait une méthode, un appui technique au démarrage et un financement permettant de lancer un projet pilote. Diffusé par le PNUD, dans les années 90 il a donné naissance à de nombreux projets, dont certains sont devenus des banques.

du marché et une majorité d'organisations ne sont pas encore financièrement viables [1].

Fin 2002, la répartition régionale des clients du microcrédit, d'après le Sommet de microcrédit était la suivante :

Nombre de programmes et clients de microcrédit

Régions	Programmes	Nombre de clients actifs (milliers)	Nombre de clients les plus pauvres [2] (milliers)
Afrique	811	5 762	4 202
Asie	1 377	59 632	36 304
Amérique latine	246	1 942	976
Moyen-Orient	23	83	38
Sous-total pays en développement	2 457	67 429	42 521
Amérique nord	47	47	22
Europe et NPI	68	140	52
Sous-total pays industriels	115	187	74
Total	2 572	67 606	41 595

Cette répartition est plus qu'approximative, dans la mesure où elle repose sur les déclarations des

1. Source CGAP.
2. En dessous du seuil de pauvreté.

institutions, dont toutes n'ont pas répondu à l'enquête. Elle comporte un biais important en sous-estimant, assez massivement le développement du microcrédit en Amérique latine. Chaque région a ses caractéristiques propres. C'est, bien évidemment, en Asie, où les besoins sont immenses, que le microcrédit a connu la croissance la plus rapide. L'Asie compte les plus grandes banques du microcrédit : Grameen bank, ASA[1] et BRAC[2], au Bangladesh, BRI en Indonésie. Huit institutions ont plus d'un million de clients. La plupart des banques asiatiques sont orientées vers les zones rurales avec une approche de développement et de lutte contre la pauvreté plus large que le crédit. À côté des grandes banques, il existe une multitude de petits projets, qui ont plus ou moins de mal à trouver leur voie.

En Amérique latine, la taille des banques de microcrédit est plutôt de l'ordre de 100 000 ou 300 000 clients et les organisations de type commercial englobent 54 % de la clientèle actuelle. Non seulement, les institutions couvrent leurs coûts, mais certaines d'entre elles atteignent une rentabilité élevée (15 % de rendement sur le capital investi) attirant des investisseurs étrangers et, notamment, les fonds de pensions américains. Là aussi, il existe beaucoup de petites organisations non bancaires faisant du microcrédit. Comme les banques, elles servent, en priorité, les microentrepreneurs du secteur informel urbain. Le

---

1. *Asa* signifie espoir en bengali.
2. Bangladesh Rural Advancement Committee.

taux de pénétration du microcrédit serait déjà de l'ordre de 30 %.

Le développement du microcrédit en Afrique s'appuie beaucoup sur les coopératives d'épargne-crédit implantées avec l'appui des réseaux mutualistes et des organismes professionnels[1]. Mais, là aussi, la microfinance a connu d'autres cheminements, se transformant, à l'image du Kenya rural enterprise program, d'un projet d'USAid, lancé en 1984, en une organisation non bancaire, puis, à la fin des années 90, en une banque, la K-Rep Bank Limited. ADEFI[2] à Madagascar a suivi un cheminement semblable. Si, depuis l'abolition de l'apartheid, le microcrédit connaît un développement rapide en Afrique du Sud, son extension dans les pays d'Afrique centrale et au Nigeria est très réduite. Aussi, au total, son taux de pénétration reste faible de l'ordre de 7 %, même s'il connaît des pointes élevées, dans certains pays.

En Europe orientale et en Asie centrale, le micro-crédit a pris son envol dans les années 90, au moment de la transition vers l'économie de marché. L'effondrement du secteur public, qui assurait la quasi-totalité de l'emploi, provoqua un chômage massif. Comme nous l'avons vu pour l'Albanie et la Bosnie, les personnes licenciées ne pouvaient compter que sur une protection sociale minimum. La demande de crédit était forte et non satisfaite par les banques. Des bail-

---

1. Parmi ces organismes le Centre international du Crédit mutuel, le Crédit coopératif, les Caisses Desjardins, WOCCU, etc.
2. Action pour le développement et le financement des microentreprises.

leurs de fonds internationaux apportèrent le capital de départ et encouragèrent la diffusion des bonnes pratiques. Lancées dans des conditions de rupture historique, favorables au changement, les institutions de microfinance se sont développées rapidement et couvrent, pour une bonne partie d'entre elles, leur coûts opérationnels [1]. Fin 2003, elles étaient près de 6 000. Le nombre de prêts atteignait 3 millions pour un encours de 2 milliards de dollars. Avec un taux de pénétration de 5 %, alors que le microcrédit dans les pays post-communistes est beaucoup plus récent qu'ailleurs, les programmes des « credit unions », des banques commerciales ayant un guichet spécialisé, des banques de microfinance et des organisations non bancaires tentent de rattraper leur retard. Leur taux de croissance global, en 2003, a été de 60 %.

Dans tous les cas, l'efficacité des programmes a été directement fonction :
• d'une bonne adaptation aux conditions locales et donc d'une croissance « organique » à partir de la base ;
• du contrôle exercé par les membres et par corollaire, de l'autonomie des institutions par rapport à l'État ;
• de leur prise en charge par les cadres locaux, mieux armés que les experts étrangers pour adapter les méthodes à la complexité du milieu local ;
• de l'accès aux bonnes pratiques, diffusées à travers les stages de formation, les missions d'échange

---

1. D'après l'enquête de MFC, menée en 2003, c'est le cas de 57 ONG sur 86.

et de conseil, des publications et des conférences organisées par les centres régionaux ou par les réseaux internationaux d'appui à l'affût d'améliorations méthodologiques ;

• et, bien évidemment, d'une politique de crédit des banques centrales, qui, tout en rémunérant l'épargne, permette aux institutions de prélever une marge suffisante pour couvrir le coût élevé du petit crédit. Cette marge dépassait 20 % dans les premiers programmes. Elle a diminué avec l'expérience et la concurrence. Dans les pays où la demande est forte, elle est aujourd'hui de l'ordre de 13 à 15 % en période de démarrage et peut baisser à 7 % ou 10 % en période de croisière, si le volume des opérations est suffisant.

Cette efficacité s'est traduite directement par la productivité du personnel, mesurée par le nombre de prêts par agent. D'après l'enquête du MFC, ce nombre peut varier de 200 dans le Caucase et dans les Balkans, à 100 en Russie et en Ukraine et 73 en Europe centrale.

Les points de convergence des expériences internationales

Les résultats des expériences menées à travers le monde ont tous convergé, de façon plus ou moins simultanée, sur trois points essentiels : l'impact important du microcrédit, les conditions de sa réussite et les perspectives ouvertes pour l'avenir.

Un impact réel

Le premier point de convergence est l'impact. Il est d'abord direct sur le bénéficiaire du prêt. Pour le comprendre, il faut prendre conscience de l'importance de l'argent dans la psychologie humaine. Comme le dit Russell A. Lockhart[1], psychanalyste : « L'argent est la force de transformation la plus puissante, la plus pratique et la plus réelle. On peut la transformer en n'importe quoi. Rien d'autre, à part l'argent, n'atteint ce champ de possibilités de transformation dans le monde réel ou dans nos fantasmes. Au sens littéral, l'argent symbolise tout.» Voilà donc des hommes et des femmes, qui n'avaient que leurs rêves et le mépris de leurs concitoyens, à qui l'on met entre les mains, à travers le crédit, cet outil de transformation. Voilà le crédit qui symbolise à la fois l'espoir de changer leur destin et la confiance qui leur est faite. Il y a là de quoi modifier le comportement d'un être humain, relever la tête et retrouver confiance en son étoile. « Notre relation à l'argent, dit encore Lockhart, est celle que nous avons avec notre destinée» et la destinée est liée par un fil indestructible au passé. Ce n'est pas pour rien que les Grecs frappaient la monnaie dans le temple de Junon, reine mère des cieux. Pour les personnes démunies, avoir accès au capital c'est retrouver le fil de leur propre vie et pouvoir l'orienter à sa guise. « Le sang du pauvre, c'est l'argent », dit Marc Bloch. Pour les riches, le problème

---

1. Exposé fait le 3 septembre 1980 à San Francisco, dans le cadre du 8ᵉ congrès de l'AIPA.

se pose de façon opposée : l'argent peut occulter les vraies raisons de vivre. « La puissance (et l'argent, ce passe-partout de la puissance) est le moyen pur. Par là même, c'est la fin suprême pour tous ceux qui n'ont pas compris », écrivait Simone Weil.

Au-delà de ces considérations philosophiques, la signification symbolique de l'argent se retrouve dans l'aveu, fréquent, des chômeurs, créateurs d'entreprise, financés par l'Adie : « L'argent que vous m'avez prêté c'était important, mais ce qui était plus important encore, c'est que vous ayez cru à mon projet. Cela m'a permis de retrouver l'espoir. » Dignité retrouvée, confiance en soi, responsabilisation des femmes sont de résultats reconnus, mais difficilement mesurables, qui apparaissent dans toutes les enquêtes faites du sud au nord. Alors que les études d'impact de grands projets ne sont pas toujours réalisées et rarement connues, le microcrédit a fait l'objet, depuis l'origine, d'évaluations approfondies. L'investissement lui-même se traduit par une augmentation de revenu : 5 % des emprunteurs de la Grameen bank passent au-dessus du seuil de pauvreté chaque année. Il entraîne un accroissement des actifs du ménage (terre, équipement, habitat), permet l'éducation des enfants et l'amélioration de la santé de la famille. Il réduit aussi les risques, qui sont la hantise quotidienne des personnes démunies.

Ces effets directs sur les bénéficiaires du crédit se prolongent au niveau de la collectivité par le renforcement du lien social et de ce qu'on appelle désormais le « capital humain ». Là, aussi, partons de la signification symbolique de la dette : « La dette originaire ou primordiale est à la fois constitutive de l'être des individus vivants et de la pérennité de la société dans son ensemble. C'est une dette de vie, nous disent Michel Aglietta et André Orléan, tous deux économistes de renom. La plus grande erreur que l'on puisse faire, si l'on veut comprendre la notion de la monnaie, ce serait de rejeter le concept, sous prétexte que l'on ne pratique plus le langage de la tradition, qui nous l'a légué. Car l'hypothèse de la dette de vie rappelle que la société est menacée dans sa cohésion, voire dans son existence même, si elle n'assure pas les conditions de sa reproduction.» C'est donc la «dette de vie» qui crée le lien social et donne une cohérence aux dettes privées, pour qu'elles «insèrent les individus dans une division du travail, dissimulée, derrière l'échange. [...] La dette privée est un rapport de dépendance de l'individu, à la société, grâce à laquelle, l'individu acquiert une reconnaissance sociale[1]». Pour dire les choses autrement, l'accès au crédit devient, dans cette perspective symbolique, l'un des fondements de la citoyenneté économique, le crédit jouant le rôle de lien social.

Revenant aux exemples concrets, les études menées par la Grameen Bank ont montré non seulement une meilleure intégration des clients de la banque dans les circuits de production et d'échange, mais aussi un impact indéniable sur le fonctionnement du marché local : en créant des emplois à travers le développement des activités économiques indépendantes, le microcrédit réduit le surplus de main-d'œuvre disponible sur le marché du travail et induit

---

1. Michel Aglietta et André Orléan, *La Monnaie souveraine*, Odile Jacob, 1998.

une pression à la hausse sur les salaires. Les ouvriers agricoles sont donc moins exploités. Il crée en même temps une pression à la baisse sur les taux du crédit pratiqué par les usuriers. L'accroissement des échanges et l'amélioration des conditions de la concurrence limitent l'effondrement des prix à la récolte [1].

Les seize décisions votées par les membres de la Grameen bank apparaissent dérisoires face à l'immensité des problèmes de développement. Elles visent pourtant à changer assez fondamentalement les conditions de vie, de santé et les relations au sein de la société. Ainsi, à titre d'exemple, « Planter des légumes et en manger tous les jours » permet de lutter de façon naturelle contre le manque de la vitamine A dans l'alimentation, cause de nombreuses maladies et notamment de la cécité des enfants. Et les courges, on peut les planter même sur le toit des cases. « Refuser la pratique de la dot » libère les familles d'une contrainte financière insupportable pour celles qui ont des filles et du coup, affranchit les filles elles-mêmes d'un complexe de culpabilité, qui les accable dès leur plus jeune âge. « Construire des latrines » est fondamental dans un pays où les habitants vivent en promiscuité et où les épidémies sont fréquentes.

Dans les pays industrialisés, où ces problèmes de base sont déjà réglés, le microcrédit a un rôle différent : il réduit les pathologies sociales qu'il s'agisse de la passivité ou de la violence, améliore la cohésion sociale en réduisant les inégalités et assure une meilleure

---

1. Voir notamment les études d'impact menées par le CGAP et la Ford Foundation : www.microfinance.orggateway.org/impact/index.htm

intégration des communautés. Il facilite l'entrée des nouveaux acteurs dans une économie fondée sur les services et sur les petites unités de production. Il accroît le potentiel de croissance en valorisant une force de travail inutilisée et en stimulant la consommation par un pouvoir d'achat inexistant auparavant. En développant la création de richesse au niveau local, il réduit le déséquilibre entre l'économie réelle et virtuelle. Enfin sur le plan des finances, il réduit la dépense publique – le crédit est une des rares formes d'intervention qui, une fois lancées, s'entretiennent toutes seules – il élargit les limites du marché financier au bénéfice des clients et des banques et il prend en compte les évolutions démographiques dont le coût peut être aussi lourd pour les pays vieux, qui doivent financer les retraites, que pour les pays jeunes, qui manquent d'infrastructures.

Cercle vertueux du microcrédit en Europe

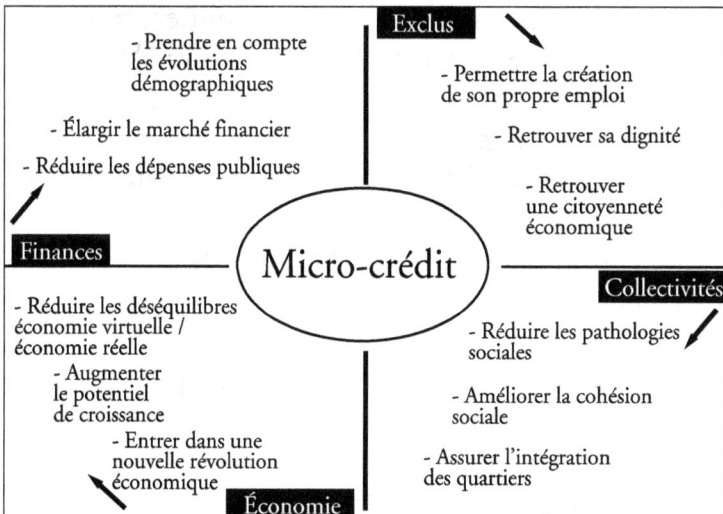

- Prendre en compte les évolutions démographiques
- Élargir le marché financier
- Réduire les dépenses publiques

Finances

- Réduire les déséquilibres économie virtuelle / économie réelle
- Augmenter le potentiel de croissance
- Entrer dans une nouvelle révolution économique

Économie

Exclus

- Permettre la création de son propre emploi
- Retrouver sa dignité
- Retrouver une citoyenneté économique

Micro-crédit

Collectivités

- Réduire les pathologies sociales
- Améliorer la cohésion sociale
- Assurer l'intégration des quartiers

Source Adie

Le cercle vertueux des effets du microcrédit, tels que nous les percevons en France, apparaît sur le schéma page précédente.

Il est bien évidemment transposable dans d'autres contextes : dans les pays du Sud le microcrédit est surtout un outil de développement et de lutte contre la pauvreté. Dans les pays postcommunistes, il s'est révélé comme un outil de décentralisation des décisions, auparavant prises par l'État et de privatisation de l'économie sur la base des capacités réelles des citoyens, privés, pendant quarante-cinq ans, du droit à l'initiative économique. Il a joué un rôle significatif dans le processus de transition vers l'économie de marché et la lutte contre le chômage.

Dans les pays sortant d'un conflit extérieur ou d'une guerre civile, le microcrédit se révèle un extraordinaire instrument de réconciliation et de paix. Le succès des opérations en Bosnie a entraîné l'inclusion du microcrédit dans la panoplie d'outils utilisés dans les situations d'après guerre. Les résultats ont été tout aussi remarquables au Kosovo, qu'en Afghanistan. Au Congo, le réseau MUCODEC [1] a résisté à la guerre civile, mieux que les banques. Il garde 175 000 sociétaires, un encours d'épargne de 26 milliards de francs CFA et un encours de crédit de 6 milliards de francs CFA.

Sous toutes les latitudes et dans tous les contextes, par sa charge d'espoir et de confiance, le crédit aide à renouer ou à développer le lien social et à structurer l'organisation économique et sociale des gens pauvres,

---

1. Mutuelles congolaises d'épargne-crédit.

qui est la voie majeure pour leur donner plus de poids dans la société. À côté de ces effets massivement positifs, il y a évidemment des risques. Le premier est que le projet financé peut échouer et rendre difficile le remboursement du crédit. Le faible taux d'impayés des institutions de microcrédit est le meilleur argument pour démontrer que ce risque est bien maîtrisé. Si on le compare au taux de recouvrement des banques pour les prêts aux PME, il est, en règle générale, meilleur. En allant plus loin et en le comparant à la dette des pays en développement, on ne peut s'empêcher de penser que les microentrepreneurs choisissent mieux leurs investissements que les États et l'aide internationale. Si les projets des États avaient réussi, il n'y aurait pas ce problème énorme de dette des pays pauvres. De là à penser que des milliers de microcrédits sont un meilleur risque qu'un macrocrédit, il n'y a qu'un pas. Ce risque partagé est, en tout cas, moins soumis à des erreurs de jugement, à des rêves de grandeur, à des aléas de marché, à la corruption et aux mille autres facteurs qui ont été la cause de l'effondrement des économies centralisées.

Le microcrédit est aussi une traite sur l'avenir et pour cette raison il devient très difficilement praticable dans une situation d'inflation galopante. C'est sans doute pour cela qu'il commence seulement à s'étendre au Brésil et en Argentine. Fondé sur la solidarité, il progresse plus facilement dans les zones rurales et dans les villes petites et moyennes, que dans les mégalopoles urbaines, qui brassent une population, en mouvement constant.

La concurrence entre les institutions de micro-crédit, qui n'existe que dans quelques pays, peut constituer un risque pour l'avenir, dans la mesure où les méthodes sont fondées sur la rareté de l'offre face à l'abondance de la demande. Dans certains villages du Bangladesh, où les paysans peuvent être clients de plusieurs institutions de microcrédit, le risque d'endettement excessif et de non-remboursement des prêts devient possible. C'est une situation qui devra être prévue et prise en compte à l'avenir. Dans certains pays, la concurrence a eu cependant des effets positifs sur les conditions des prêts ainsi que sur l'adéquation des produits aux besoins. Des fusions d'organisations sont de plus en plus fréquentes, pour diminuer les coûts par des économies d'échelle.

Les institutions, comme les hommes, sont mortelles. Parce qu'elles cheminent sur la ligne de crête étroite qui sépare le social du financier, les institutions de microcrédit dépendent, plus que d'autres, de l'engagement et de la compétence de leurs dirigeants et de la confiance de leurs clients. Les sommes en jeu restent cependant modestes et le seul vrai problème, en cas de faillite de l'institution, peut être celui de la protection des épargnants, qui est, en règle générale, prévue par la loi. On a pu constater, cependant, dans de nombreux cas, que les institutions de microcrédit sont plus solides que d'autres, par suite de leur proximité avec leurs clients. Qu'il s'agisse de la crise financière subie par l'Indonésie en 1997, ou de la crise du système des pyramides en Albanie, un peu plus tôt, les dépôts et les remboursements des millions des petits clients de la BRI, dans le premier cas, des milliers des membres des Fonds villageois dans le second, n'ont pas été affectés.

On peut se demander, enfin, si le développement des microentreprises est la façon la plus efficace de créer de la valeur ajoutée et si elles ne sont pas en concurrence avec les PME. L'expérience montre que les activités sont souvent complémentaires et qu'en tout état *de* cause les deux tiers des entreprises, y compris celles qui se développent par la suite, se créent sans employés.

Les conditions de succès

Le second point de convergence des programmes est que la réussite du microcrédit repose sur un trépied : la clientèle, les institutions de microfinance et le contexte réglementaire.

Nous avons vu, tout au long de cette deuxième partie, l'importance de bâtir le système de microcrédit sur une bonne connaissance de la demande. Il ne s'agit pas de viser une clientèle qui peut normalement avoir accès aux banques, ni celle qui, à un moment donné, se trouve dans une situation de détresse physique et morale qui ne lui permet pas de s'engager dans des activités économiques. Le microcrédit est ciblé dans les pays en développement sur « les pauvres actifs » et dans les pays développés sur les exclus qui souhaitent se réinsérer dans l'économie. C'est à leurs besoins qu'il doit s'attacher à répondre. Dans les deux cas, les situations ne sont pas figées : chacun peut, à un moment ou un autre de son parcours, devenir client.

Pour pouvoir offrir des services financiers de façon continue, il est indispensable de bâtir des institutions pérennes. Comme nous l'avons vu au début de ce chapitre, elles peuvent prendre toutes les formes juridiques : banques commerciales ou mutualistes, banques spécialisées en microfinance ayant, à l'image de la Grameen bank, un statut particulier, coopératives d'épargne-crédit, fondations ou associations. L'important est qu'elles assurent, le plus rapidement possible, leur autonomie financière et que leurs interventions se complètent et s'appuient réciproquement pour créer un continuum d'institutions de microcrédit, couvrant tous les segments de la clientèle. Toutes les formes de coopération entre les organisations non bancaires et les banques vont, bien évidemment, dans ce sens et doivent être encouragées.

Pour que la clientèle du microcrédit puisse entreprendre dans des conditions efficaces et pour que les institutions de microcrédit soient performantes, il faut aussi un contexte favorable. Il en sera question, plus précisément, plus loin [1]. Disons seulement que le rôle de l'État consiste avant tout à créer un environnement simple et stable, n'écrasant pas l'entrepreneur par des prélèvements fiscaux et sociaux excessifs et à permettre le bon fonctionnement des institutions de microfinance. Pour les institutions non bancaires, cela exige, entre autres, qu'elles puissent emprunter pour prêter et que le taux d'intérêt soit compatible avec le coût de gestion du petit crédit.

---

1. Voir chapitre 3 de la IIIe partie : Un environnement réglementaire plus favorable.

L'ouverture vers d'autres services financiers
Le troisième point de convergence des espérances internationales est l'ouverture croissante du micro-crédit vers d'autres services financiers. La segmentation du crédit est fondamentalement une révolution humaniste, puisqu'elle met le capital au service de tous les hommes et, parce qu'elle est humaniste, ses prolongements sont multiples. Ainsi, en tournant le regard vers le client, au lieu de définir le client par la méthode, on s'est aperçu que, en dehors du crédit, il avait aussi besoin d'autres services financiers. Pour mieux y répondre, les institutions de microcrédit ont donc élargi la gamme de leurs produits.

C'est sur ces bases et points de convergence que se construisent aujourd'hui les perspectives nouvelles en matière de microcrédit, dont il sera question plus loin.

III.

Les enjeux et les perspectives

1.

La montée des risques

« La science a fait de nous des dieux,
avant même que nous méritions d'être
des hommes. »

Jean Rostand

Dans la forêt des grands mythes, le microcrédit s'est déjà taillé une belle clairière. Il contribue, de façon non négligeable, au développement et à la réduction des inégalités sociales dans de nombreux pays. Face aux risques qui guettent la planète, ce rôle peut prendre beaucoup plus d'ampleur. Les risques sont de trois ordres : économiques, démographiques et politiques.

Risques économiques

Spécifiques aux différentes régions du monde, les risques économiques se cumulent pour peser lourdement sur l'avenir :

Implosion de l'État providence dans les pays riches
Il n'est pas besoin de faire des prévisions compliquées pour comprendre que le risque économique et social des pays riches, comme la France, est l'implosion de l'État providence. On ne peut, d'un côté, travailler moins parce que le nombre d'actifs diminue, le temps de travail raccourcit et la vie professionnelle s'achève plus tôt et, de l'autre, dépenser plus pour la santé, les retraites, les assurances chômage et l'aide sociale. Au-delà de la réforme inévitable de la Sécurité sociale, le vrai problème est de rendre un travail et une dignité à ceux qui aujourd'hui désespèrent ou se révoltent. Dans un pays perclus de rigidités administratives, ce n'est pas un enjeu facile, mais il est tout simplement suicidaire de continuer à empêcher les gens de travailler. Par temps de tempête, on détache les galériens. Si, dans les turbulences de la nouvelle révolution économique, on ne peut donner un travail salarié à chacun, il faut au moins rendre effectif le droit d'entreprendre.

Chômage et pauvreté dans les pays en transition
Revenant en Bulgarie douze ans après les débuts de la transition, j'ai trouvé les campagnes dans une situation dramatique. En rendant les biens aux anciens propriétaires ou à leurs nombreux descendants, la privatisation a abouti à une segmentation des terres, qui leur a enlevé toute valeur utile. Des centaines d'hectares restent ainsi inexploités, leurs propriétaires ne prenant pas la peine de les vendre pour un prix désuet, en espérant que l'entrée future de la Bulgarie en

Europe augmentera leur valeur. Les hommes aussi restent inoccupés. Pas de terres, pas de matériel, pas d'argent. Les jeunes sont partis à la ville chercher un emploi problématique. Les vieux sont là, l'œil rivé aux champs abandonnés, comme s'ils voyaient encore le blé onduler sous le soleil. Ils se replient sur des stratégies de subsistance : une vache, quelques poules, un potager. Et ils attendent que « les fonctionnaires dans les ministères arrêtent de se passer les dossiers d'un bureau à l'autre et s'intéressent à la situation des paysans ». C'est un énorme gaspillage de ressources humaines et naturelles dû à des lois inadaptées et au manque d'accès au crédit.

Il ne faut pas se faire d'illusion, dans les anciens pays communistes, les taux de chômage restent élevés, de l'ordre de 20 et parfois 30 %. Les inégalités se sont accrues. En Russie, les anciens apparatchiks étaient les mieux placés pour mettre la main sur l'appareil de production et ils n'ont pas hésité à le faire. En injectant des ressources financières au niveau des acteurs économiques de base, le microcrédit offre aux pays qui n'ont pas encore achevé leur transition une chance de lutter contre les dérives de l'ancien système réincarné dans l'oligarchie actuelle et de contribuer à une économie de marché plus solide et plus humaine.

Famine et épidémies en Afrique
C'est en Afrique subsaharienne que la situation risque de se détériorer le plus. L'Afrique dont la population explose, dont l'agriculture est détruite par ceux qui prétendent l'aider, et dont les villes n'offrent pas d'emploi alternatif. C'est le grand inconvénient des

concepts globaux comme la mondialisation, que d'amalgamer le tout et son contraire. L'Afrique ne s'est pas encore remise des siècles de mépris imposé à travers la traite des Noirs et la colonisation, suivis d'une indépendance aux conditions difficiles. Aujourd'hui, le regard du monde riche sur le continent noir a-t-il vraiment changé ? Vu d'un village africain, on pourrait parler, non pas de globalisation, mais au contraire de la fragmentation du monde, qui isole le continent dans la pauvreté et condamne les plus entreprenants à s'expatrier. Sans, bien sûr, résoudre à lui seul tous les problèmes de gouvernance, de santé, d'éducation et d'infrastructures, le microcrédit offre aux hommes et aux femmes d'Afrique une chance de sortir de la misère sans quitter leur pays.

Risques démographiques

Les seules prévisions sûres sont les prévisions démographiques et elles sont sans appel : entre 2001 et 2050, l'Union européenne à 25 devrait voir sa population régresser de 11 %, en passant de 450 à 400 millions, alors que, pendant la même période, la population des 25 pays du pourtour de la Méditerranée augmenterait de 121 % pour atteindre 1,3 milliard d'habitants. En cent ans, le rapport va s'inverser. En 1950 l'Union européenne à 15 était plus de deux fois plus peuplée que ses voisins du Sud. Un siècle plus tard, elle sera plus de trois fois moins peuplée[1]. La

---

1. Jean-Claude Chasteland et Jean-Claude Chesnais, « La Population mondiale, 1946-2050 », in *Futuribles*, octobre 2003.

Méditerranée qui, dans l'Antiquité, dessinait les contours du monde connu n'est, aujourd'hui, qu'un lac. Chaque jour des hommes la traversent sur des embarcations de fortune, à la recherche d'un avenir meilleur. On ne stoppera pas les migrations. Mais on peut ralentir les mouvements de la main-d'œuvre, en apportant sur place le capital nécessaire pour développer des activités économiques. On sait qu'en 2050, sauf catastrophe majeure, guerre ou épidémie, la population de l'Afrique atteindra 2 milliards d'habitants. Le problème de l'accès au capital se pose, dès à présent, sur l'ensemble du continent africain, comme il se pose en Amérique latine ou en Asie.

Risques politiques

À l'aube du XXIe siècle, le risque politique majeur est la violence du terrorisme et celle du capitalisme mondial. « Les nouveaux riches et les gains trop rapides ont engendré orgueil et démesure », dirait Dante, et cette démesure se retrouve aussi chez ceux qui se révoltent contre le mépris et la misère.

La lutte contre le terrorisme, comme la régulation du capitalisme, ne peut se faire qu'à l'échelon mondial, en inventant un nouveau système de gouvernance et en mettant en place une véritable croisade contre la pauvreté pour réaliser et si possible dépasser les objectifs de développement du millénaire.

Dans une société duale, le réflexe de révolte d'un côté, de peur de l'autre nourrit forcément la violence. Il favorise la montée des extrémismes en Europe, de l'impérialisme aux États-Unis, des guerres civiles dans les régions les plus fragiles comme l'Afrique. Nous sommes encore dans la période de gesticulation qui précède les grands affrontements, mais l'on pourrait projeter à l'échelle du monde l'histoire du carnaval de Romans racontée par Emmanuel Le Roy Ladurie [1] : au XVIᵉ siècle, à l'époque de grandes inégalités et de grandes famines, la ville de Romans organisa un carnaval. Les paysans et artisans les plus miséreux dansèrent déguisés face aux bourgeois et notables de la ville aux cris d'un humour macabre « quatre deniers la livre de la chair de chrétien ». Les bourgeois prirent peur et massacrèrent le petit peuple. Avant de nous laisser enfermer dans le dilemme « qui massacre qui ? », il faut donner à la société l'ouverture et la mobilité qui permettent à ceux qui en sont exclus d'y trouver une place.

---

1. Emmanuel Le Roy Ladurie, *Le Carnaval de Romans*, Gallimard, 1979.

2.

Les grands enjeux de la microfinance

« Le vrai développement met en premier ce que la société met en dernier. »
Mahatma Gandhi

Face à cette montée de risques, les progrès rapides réalisés en matière de microcrédit apportent une lueur d'espoir. Car, comme toute innovation répondant à des vrais besoins humains, le microcrédit n'est qu'une étape intermédiaire, ouvrant derrière elle de nouveaux horizons.

Du microcrédit à la microfinance

Le premier de ces horizons est l'élargissement du champ du microcrédit. Il correspond à une révolution interne, qui s'est faite en plusieurs phases, au cours des quinze dernières années. D'abord, les opérateurs ont constaté que le microcrédit, tel qu'il était pratiqué au Bangladesh ou en Amérique latine, n'était pas nécessairement transférable dans d'autres contextes économiques et sociaux.

Il y eut donc une première évolution, d'une conception assez monolithique du microcrédit définie à partir des modèles existants, vers des approches plus diversifiées fondées sur la demande réelle de la clientèle locale. On s'aperçut ainsi que les méthodes de groupe appliquées au Bangladesh s'appliquaient difficilement en France. En revanche, on pouvait trouver des cautions partielles et multiples auprès de l'entourage des emprunteurs, en se basant sur une logique similaire : ces cautions prouvaient que les créateurs d'entreprise étaient soutenus par leurs proches. En même temps, elles permettaient d'avoir un levier de pression sur le client, en cas de mauvaise foi.

On constata aussi que les personnes pauvres n'avaient pas seulement une idée précise des prêts dont elles avaient besoin, de leur montant, de leur durée et du taux d'intérêt qu'elles étaient prêtes à payer, mais qu'elles souhaitaient bénéficier, aussi, d'un grand nombre d'autres produits et services financiers. Dans les pays où le réseau bancaire ne couvre que l'économie moderne, elles demandaient, parallèlement au crédit, des services d'épargne pour financer l'investissement productif et pour faire face aux problèmes d'éducation, de santé, d'habitation et à des imprévus de toutes sortes.

Si elle n'est pas placée dans une banque, l'épargne des petits paysans traditionnels, non seulement se déprécie, mais encore risque de se faire voler ou d'être mangée par les termites. Investie dans les animaux, elle n'est pas divisible. La seule assurance pour les aléas de la vie est la solidarité des voisins, ou éventuellement la tontine, dont le premier but est d'assurer les funérailles des proches. La collecte de l'épargne des travailleurs marocains émigrés en France a été menée d'abord pour garantir, en cas de décès, le rapatriement du corps. De même, les tontines montées au Rwanda, avant que l'ampleur du génocide balaye ce besoin primaire, étaient organisées en vue de l'achat d'un cercueil en bois, les missionnaires ayant persuadé les Rwandais qu'être enterrés, enveloppés de feuilles de bananes, était, certes, écologique, mais indigne de bons chrétiens.

En fait, l'épargne des pauvres obéit, comme le crédit, à des règles spécifiques. Le montant des dépôts ne peut être que très faible et lié au cycle des rentrées monétaires. Les dépôts doivent donc être collectés à proximité de l'épargnant, de façon aussi fréquente que possible. Les retraits, en revanche, sont souvent importants par rapport au revenu. Ils rythment les événements marquants d'une vie : naissance, éducation, mariage, obsèques.

L'existence des pauvres étant soumise à des risques infiniment plus grands que celle des riches, on constata que les gens sont rarement préparés à y faire face. Ils réagissent une fois qu'ils se trouvent dans une situation grave, par suite des deuils, des maladies ou de la perte de leurs biens. Ils tentent alors de mobiliser les sommes nécessaires auprès de la famille, de la tontine ou de l'usurier, et se retrouvent avec une dette qu'ils ne sont pas toujours en mesure de rembourser.

Toute une activité de microassurance est donc née et se développe rapidement en combinant l'apport des sociétés traditionnelles et celui des assurances modernes. Ainsi aux Philippines, la tradition du « Damayan » veut que les membres de la communauté versent une somme d'argent à la famille du défunt. Beaucoup d'institutions de microfinance ont repris cette tradition séculaire de secours mutuel, en la transformant en assurance-vie. De la même façon, en Zambie, la tradition de fonds funéraires informels auxquels on peut s'affilier sur le marché ou auprès d'une congrégation religieuse en payant une cotisation fixée sans le moindre calcul actuariel, sur la base des capacités financières de la population, sert de base à l'instauration d'une assurance[1]. En Guinée forestière, au Bénin, en Ouganda une assurance maladie a été mise en place dans les villages, dans le cadre de projets animés par le CIDR. Dans un tout autre genre, au Burkina Faso, dans la région de Toma, un programme de vulgarisation et de crédit, centré sur l'introduction des bœufs de trait avait mis en place, systématiquement, une police d'assurance, fondée sur la mutualisation des risques par les paysans. L'assurance permettait à l'agriculteur de récupérer le prix de l'animal en cas de mort, après vérification par le vétérinaire que celle-ci n'était pas due à de mauvais traitements. Le pas entre le fonds de secours mutuel, tel qu'il existait en France au début du XIXᵉ siècle, et l'assurance est franchi, dans des nombreux cas, à

---

1. L'Assurance et les institutions de microfinance, Bureau international du travail, 2004.

travers un partenariat entre l'institution de microfinance, qui joue le rôle de détaillant et une compagnie d'assurances moderne, qui permet une mutualisation plus large du risque et une estimation plus précise des cotisations nécessaires. C'est le cas en Inde de SEWA, institution charismatique qui, sous la direction d'Ela Bhatt, a créé un véritable syndicat des femmes travaillant dans le secteur informel. Parallèlement à son activité de banque coopérative comptant 200 000 membres, SEWA joue le rôle d'intermédiaire auprès de deux compagnies d'assurances, la Life Insurance Company et la New India Assurance. Ainsi les femmes, chefs de famille, vivant dans l'extrême pauvreté des villes, peuvent protéger leurs enfants du risque de leur décès et du risque d'accident.

Les transferts d'argent sont, eux aussi, fondamentaux dans la mesure où les gens émigrent pour faire vivre leur famille. Comme les pauvres ont rarement accès aux banques et que la Poste ne marche pas toujours, ils sont obligés d'inventer mille ruses pour transférer l'argent dans leur pays. Certains le transportent en espèces, avec tous les risques que cela entraîne. D'autres inventent des systèmes parallèles, comme celui imaginé il y a une quinzaine d'années par les travailleurs sénégalais originaires du fleuve qui avaient installé un fax chez les commerçants de leur village et leur indiquaient tous les mois, par écrit, les limites des dépenses auxquelles leurs familles avaient droit. L'ajustement entre le montant des achats et les sommes versées par les émigrés se faisait périodiquement. Le système informel était une véritable création de monnaie, mais il répondait à un besoin insatisfait. L'importance de ce service semble avoir été mieux appréciée depuis. Une campagne de publicité récente, réalisée en France par Western Union et par la Poste, montre les images concrètes de l'utilisation de cet argent : la retraite du vieux père, la scolarisation des enfants ou le mariage de la fille. L'argent envoyé par le travailleur émigré sert autant à faire vivre la famille qu'à investir dans de petites activités génératrices de revenu. Le montant de ces transferts dépasse aujourd'hui, et de loin, le montant de l'aide. La Banque centrale des Philippines a titrisé le montant des transferts pour disposer plus rapidement de ressources en devises. Dans certains pays, comme le Mexique ou le Salvador, ils représentent une part prépondérante du chiffre d'affaires des institutions de microfinance.

Le concept du microcrédit s'est donc élargi, sous le nom de microfinance à tous les services financiers et l'on s'est aperçu qu'en dépit d'un surendettement massif des personnes démunies, dû aux excès du crédit à la consommation, les pays riches n'offraient, pas plus que les pays pauvres, les services bancaires de base à tous les citoyens. Bien que les chiffres soient sujets à caution, le nombre de personnes exclues du système bancaire est évalué à cinq millions en France et à trois millions en Grande-Bretagne.

Pour répondre à cette vision nouvelle, tout en améliorant leur assise financière, des banques d'un type nouveau se sont développées dans différentes régions du globe. Un exemple parmi d'autres est fourni par le réseau des banques de microfinance unifiées depuis 2003 sous le nom de ProCredit. Ce réseau, qui comprend dix banques, couvre les Balkans et remonte à travers la Roumanie et la Moldavie jusqu'à l'Ukraine et la Géorgie. Le modèle a été mis au point par IPC[1], une société allemande qui, après avoir acquis sa première expérience en Amérique latine, l'a adaptée en Albanie et en Bosnie, avant de l'étendre à d'autres pays. ProCredit Bank offre tous les services bancaires : prêts aux microentreprises et aux PME, mais aussi facilités de découvert, prêts à la consommation, prêts hypothécaires, comptes courants, produits d'épargne, transfert et change. La raison de cette diversité est, non seulement la volonté d'offrir l'ensemble des services aux clients les moins fortunés, mais aussi le souhait d'intéresser et de fidéliser les classes moyennes, afin de pouvoir mobiliser leur épargne. Le réseau est financé par les grandes institutions internationales et quelques banques commerciales[2]. En entrant dans le hall de ProCredit Bank à Sofia, on a le sentiment de se trouver dans un établissement bancaire comme les autres, un peu moins cossu. Sa différence, par rapport aux banques classiques, est d'être orienté en priorité vers l'appui aux PME et la création d'emplois. Pro-Credit Bank évite les opérations spéculatives et n'essaie pas de maximiser sa rentabilité à court terme. Elle a compris la logique du petit crédit et se contente de lier les prêts de moins de 2 500 euros à une assurance-vie. Elle prend ses décisions en trois jours et envisage d'étendre ses services en zone rurale, en basant le crédit sur une analyse des besoins et des motivations des paysans, plutôt que sur des garanties réelles inexistantes. En octobre 2003, le réseau affichait un

---

1. Internationale Projekt Consult GmbH.
2. Notamment la SFI, la BERD, la KfW, la Commerz Bank, etc.

portefeuille de 432 millions d'euros et continuait à se développer, porté par la demande. Pour mieux assurer ce développement, IPC a créé une société d'investissement, IMI [1]. En dehors des banques de microfinance d'Europe orientale, IPC et IMI en soutiennent également cinq autres en Amérique latine et aux Caraïbes et trois autres en Afrique.

En fin de compte, les institutions de microfinance ont suivi, en diversifiant leurs produits et leurs services, la même évolution que les banques. Elles se sont seulement heurtées à plus de difficultés légales et réglementaires.

Des subventions aux financements commerciaux

Toutes les opérations de microfinance ont démarré avec des subventions, publiques ou des dons privés, le temps de faire connaissance avec le marché, d'expérimenter les méthodes et les conditions de crédit les mieux adaptées et d'atteindre un volume d'opérations suffisant pour couvrir les coûts. L'autonomie financière est la règle de base de la microfinance, car, nous l'avons dit, elle seule permet d'assurer la pérennité des services financiers à la clientèle choisie. Pour respecter cette règle de base, il faut à la fois un contexte réglementaire favorable – le plafonnement des taux d'intérêt à un niveau trop bas rend son application problématique – et la conjonction d'une volonté forte des bailleurs de fonds

---

1. Internationale Micro Investitionen AG regroupe, notamment, la Fondation Doen, la SFI et la KfW/DEG.

et des institutions de microfinance pour réaliser en quatre, cinq ou six ans l'objectif fixé dès le départ. Il faut reconnaître que cette volonté n'existe pas toujours : les organisations d'aide aiment investir dans des opérations qui marchent bien et pourraient déjà faire appel à des financements commerciaux ; les institutions de microfinance ont parfois tendance à suivre la piste de la facilité immédiate, qui est celle de la dépendance. Certaines opérations de microcrédit sont, aussi, forcément plus onéreuses que d'autres. C'est le cas par exemple des actions menées dans certaines zones rurales où la densité des clients est plus faible et dont l'accès est difficile. Pour avoir monté une opération de ce type en Albanie, je sais à quel point il est ardu de respecter la double exigence d'atteindre une clientèle démunie en même temps que l'équilibre financier. Je vois encore les agents de crédit exténués, arrivant d'un village de montagne situé au bout d'une piste de terre défoncée et presque impraticable par temps de pluie, levant les mains dans un geste de découragement : « Comment faire ? On ne peut pas travailler dans ces villages et vouloir couvrir nos coûts ! »

C'est le cas aussi des opérations qui, pour des raisons diverses, choisissent des approches combinant le crédit et l'appui technique. Parmi celles-là, on trouve aussi, le plus souvent, des programmes en zone rurale, où l'information technique et commerciale arrive mal et où les services de vulgarisation, dont le rôle est d'en assurer la diffusion, ne fonctionnent pas. La Grameen bank a ainsi tout un programme d'innovation et d'appui technique, allant de l'introduction de nouvelles races de poulets, jusqu'à la mise en place d'un réseau de téléphones portables gérés par les membres.

Il existe aussi des programmes de reconversion où il ne s'agit plus de financer des activités traditionnelles, mais d'apprendre des métiers nouveaux à des populations totalement déboussolées. C'est le cas du programme de la Fondation rurale en Pologne, évoquée plus haut, qui mène en même temps des activités de crédit, de conseil et de formation.

Enfin, dans des pays comme la France, où la réglementation est particulièrement compliquée, et où le programme de l'Adie finance la création d'entreprises par des chômeurs, il est pratiquement impossible d'avoir une approche « minimaliste ». La solution consiste alors, soit à travailler en partenariat avec une autre organisation spécialisée en conseil et formation, soit à combiner les services financiers et non financiers en séparant, autant que faire se peut, les centres de coût du crédit et de l'accompagnement, ce dernier étant forcément subventionné.

Quelle que soit la difficulté de l'opération, le but final reste la création d'institutions de microfinance viables et, donc, capables à terme de trouver leurs ressources sur le marché financier. Au niveau individuel, une institution subventionnée reste fragile et dépendante des politiques des bailleurs de fonds, qui ont généralement des budgets annuels, n'assurant aucune visibilité. Au niveau global, la simple comparaison des besoins de financement à l'échelle internationale et des ressources de bailleurs de fonds publics montre que l'aide ne peut couvrir qu'une très petite partie des charges. Cette comparaison est effectuée plus loin [1].

---

1. Voir chapitre 3, Comment financer le développement du microcrédit.

Du guichet au téléphone portable :
le défi technologique

Comme tous les secteurs de l'économie, la banque évolue en fonction des technologies nouvelles. Tenir sa comptabilité à l'aide de pictogrammes, d'écritures passées à la main ou d'une chaîne informatique, n'a strictement rien en commun. Le grand changement des dernières années est la diminution des frais de gestion des prêts. De même que les nouvelles technologies de communication ouvrent la voie à la création de petites unités de production, de même le développement de l'électronique, en réduisant massivement les charges, ouvre la voie à la microfinance. Le coût était trop lourd pour la banque classique aussi longtemps qu'il fallait une armée d'agents pour tenir les comptes à la main. Le temps et l'espace alloué à la gestion des prêts dans une agence bancaire étaient pratiquement les mêmes que ceux alloués au contact avec les clients. Grâce aux nouvelles technologies, le coût de gestion baisse d'une manière spectaculaire. Le risque des petits prêts étant en règle générale plus faible que celui des prêts bancaires classiques, les banques ont désormais intérêt à reconsidérer leur implication dans le domaine du microcrédit.

En automatisant le décaissement d'argent liquide, les distributeurs ont permis de faire des économies d'autant plus grandes que le système est devenu commun à toutes les banques. Les coûts fixes ont diminué et ont pu être répartis sur un nombre

L'impact de nouvelles technologies

Coût de transaction suivant le canal de distribution

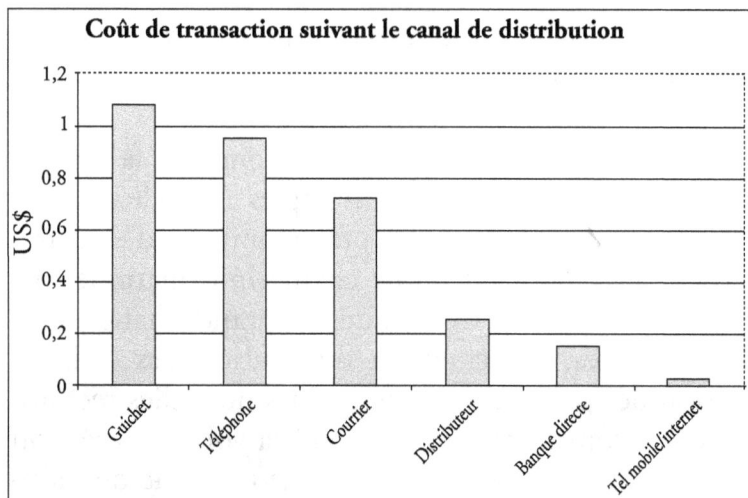

Source *MicroSave*

d'opérations plus important. L'usage des distributeurs et le développement des cartes bancaires, des agendas électroniques et des cartes à puce ont divisé les coûts de gestion par trois, celui d'un téléphone portable communiquant par Internet pourra la diviser par trente. Il ne s'agit plus de science-fiction. Les technologies de pointe sont pratiquées dans les pays où l'infrastructure bancaire est peu développée. Les paiements utilisant le téléphone mobile se pratiquent déjà en Zambie et aux Philippines en transformant assez radicalement l'idée même de banque[1]. L'intérêt de cette approche, plus particulièrement dans les pays pauvres où la clientèle est nombreuse, l'infrastructure défaillante et la densité

---

1. Richard Ketley and Ben Duminy, *Meeting the challenge : the impact of changing technology on microfinance institutions*, MicroSave Africa Briefing note.

des banques faible, est double. D'un côté, le téléphone portable permet de visualiser les opérations sur l'écran, de façon quasi instantanée, et donc d'améliorer la sécurité de l'opération en même temps que le sentiment de confiance des clients. Qu'il s'agisse de paiement à un commerçant, ou de la collecte des remboursements, les deux parties voient immédiatement le résultat de l'opération sous forme du débit ou du crédit de leur compte. De l'autre, le téléphone portable est l'un des équipements dont les progrès sont les plus rapides, y compris parmi les personnes aux revenus faibles. Le nombre d'usagers des téléphones portables dans le monde atteint, aujourd'hui, un milliard – soit dix fois plus que celui des usagers d'Internet – et ce nombre continue de croître. Même dans les vieux pays, comme la France, où le chèque continue de représenter une part importante des paiements, ces nouvelles technologies ont toutes les chances de se développer, en réduisant de façon drastique les coûts de manipulation et de gestion. Contrairement aux apparences, elles sont parfois plus compatibles que les anciennes avec des niveaux d'éducation faibles : les membres de SEWA, illettrés, sont identifiés par leur photo.

Pour donner un fondement historique à cette vision futuriste, faisons un bref retour en arrière : l'invention des pièces de monnaie, que l'on situe au VIIe siècle avant Jésus-Christ, a été la première invention majeure dans le domaine financier. Avant cette date, des denrées diverses servaient de monnaie d'échange. Comme le rappelle Adam Smith[1], ces

---

1. Adam Smith, *La Richesse des nations*.

denrées pouvaient être des bestiaux en Grèce – d'après Homère, l'armure de Diomède ne valait que neuf bœufs – du sel en Abyssinie, des coquillages sur la côte de l'Inde, des barres de cuivre à Rome. Les métaux précieux étaient bien utilisés comme moyens de paiement, mais seules les personnes outillées pour les peser étaient en mesure de s'en servir. Il n'était pas possible de les employer pour les petites transactions des petites gens. L'invention des techniques permettant de frapper la monnaie a transformé la démarche compliquée de peser des métaux précieux en une démarche simple. Frapper monnaie devint tout naturellement le privilège du Prince, qui seul pouvait garantir la valeur des pièces. Désormais des gens simples et peu fortunés pouvaient participer à l'économie d'échange autrement qu'en faisant du troc. Ce fut la première révolution démocratique en matière de finance. Elle permettait de fractionner les échanges tout en les fluidifiant au bénéfice de tous. La création des pièces de monnaie joua un rôle fondamental dans le développement de l'économie de marché. D'autres innovations ont suivi avec, chaque fois, un processus d'adoption très lent, accéléré, le cas échéant, par les circonstances. Ainsi, la lettre de change permit, à partir du XIVe siècle, de développer le commerce international. L'assurance, elle, est apparue en Italie à peu près à la même époque, grâce à l'invention du calcul des probabilités, mais elle ne s'est véritablement développée qu'après le grand incendie de Londres, en 1666. Nous n'allons pas attendre que les voitures incendiées embrasent les quartiers en difficulté, que le terrorisme international fasse des milliers de victimes pour faire cette nouvelle révolution démocratique du secteur financier, consistant à ouvrir l'accès aux services, et plus particulièrement au crédit, à tous les segments de clientèle. C'est possible aujourd'hui. L'invention des moyens électroniques de paiement ouvre la perspective de démocratiser davantage la monnaie et facilite la production d'une plus grande variété de biens et de services offerts aux consommateurs. En abaissant les coûts, les nouvelles technologies permettent, en effet, un fractionnement et une fréquence quasi illimités des transactions financières[1].

La même logique s'applique au crédit. Le prêt à la consommation s'est développé le jour où l'on a mis au point les techniques de scoring[2]. Les méthodes du microcrédit ont déjà suivi une longue évolution pour réduire leurs coûts de gestion et du risque, mais la révolution des nouvelles technologies n'en est qu'à ses débuts. D'après le CGAP, le coût du microcrédit, par dollar prêté, peut varier de 1 à 5 dans un même pays, montrant la marge de progrès, qui peut encore augmenter au-delà des écarts actuels. Des milliers de banques, de credit unions ou d'organisations non bancaires sont entrées dans le mouvement et mettent en place des programmes de microfinance répondant aux besoins de tous les segments de clientèle. L'évolution des technologies va aider à accélérer le mouvement. Il suffirait, pour passer à une autre dimension, que les banques et leurs actionnaires choisissent, à la place du profit à court terme, le développement à moyen et

---

1. Robert J. Shiller, *The New Financial Order*, Princeton University Press, 2002.
2. Système d'aide à la décision fondé sur le rapprochement des caractéristiques du client avec les performances statistiques des clients ayant un profil similaire.

long terme, qui passe par la démocratisation de la finance.

De l'assistance technique à l'enseignement universitaire

La microfinance s'est développée dans le monde par transfert et croisement d'expériences. Il y a eu les militants de la première heure et ceux qui, peu à peu, en ont fait leur métier d'opérateur ou de consultant. L'assistance technique a joué un rôle important au démarrage, mais elle a eu, aussi, en se prolongeant trop longtemps, des effets pervers d'alourdissement des coûts et de mimétisme des cadres nationaux à son image, qui est inévitablement distordue par rapport à la réalité locale. Née dans les pays du Sud, mise au point à partir du terrain, la microfinance doit éviter de devenir une tarte à la crème, dont le concept virtuel vendu aux médias n'a pas de correspondance réelle. Elle a besoin d'appui de l'opinion publique et d'appui politique, mais elle ne doit pas devenir une bulle aux mille reflets qui éclate au moindre souffle de vent, pas plus qu'une organisation au service du pouvoir. Créer des institutions viables exige la diffusion des bonnes pratiques et la professionnalisation des acteurs. Mais la façon la plus efficace de progresser reste la mutualisation et l'échange d'expériences entre les opérateurs, dans une optique de concurrence constructive et de contribution commune au développement du secteur. C'est ainsi qu'ont fonctionné les réseaux d'appui fondés sur l'adhésion des membres et le croisement des bonnes pratiques venues du terrain. Jusqu'à présent, les cadres de la microfinance étaient formés sur le tas. À ce stade de développement, il devient important d'accélérer leur formation. Aussi, l'initiative de l'Open society institute et du CGAP d'intégrer la microfinance dans les programmes des écoles de management et de gestion a une portée considérable. Ce projet a pour but de former les étudiants des écoles de management à une carrière de microfinance combinant professionnalisme et engagement social. Ceux qui ne s'y engageront pas directement pourront convaincre l'administration, les banques ou les entreprises dans lesquelles ils travailleront, de l'importance de cette approche. Dès à présent, six écoles de management en Afrique du Sud, aux Philippines, au Costa Rica et dans trois régions de l'Inde participent au programme, qui est appelé à s'étendre. De façon plus ponctuelle, des écoles de commerce en France introduisent des conférences sur le microcrédit dans leur enseignement.

Du travail indépendant aux microentreprises en réseau

On ne peut réfléchir à l'évolution future du microcrédit, sans se poser la question du modèle de production auquel il est lié. Les pays riches ont bâti leur puissance industrielle dans un contexte historique spécifique. Les technologies étaient alors relativement simples. Comme le rappelle Paul Bairoch [1], c'est le passage en fraude, vers 1770, d'un métier à tisser en provenance de la Grande-Bretagne qui a permis la mécanisation de toute l'industrie textile française. Le marché ouvert par l'extension du chemin de fer était vaste, mais peu diversifié, dans la mesure où l'économie nouvelle émergeait d'une société rurale, dont le modèle de consommation était relativement fruste. Enfin, le contexte politique était particulièrement favorable : au niveau mondial, la colonisation permettait d'importer des matières premières bon marché, en cassant, s'il le fallait, l'industrie de transformation locale et le capitalisme ne rencontrait que peu d'opposition de la part d'un syndicalisme naissant. Le XIXe siècle est le siècle du triomphe du modèle fordiste de production de masse et de la défaite des socialistes utopistes, qui tentaient de préserver une société humaine en maintenant la proximité entre le travail et le capital. Mais c'est aussi celui de l'apparition d'un courant nouveau, regroupant le mouvement mutualiste, coopératif et associatif, qui devint plus tard l'économie sociale.

Il serait bien évidemment absurde de penser que l'on peut effacer un siècle d'histoire avec le progrès technologique qui a changé la donne dans le domaine de la biologie ou de l'électronique, l'ascension et la chute du pouvoir étatique censé représenter toutes les aspirations des travailleurs, la société salariale et la financiarisation de l'économie. Il me semble pourtant, qu'il serait utile de tirer les enseignements de cette

---

1. Cité par Daniel Cohen in *Infortunes de la prospérité*, Coll. Agora, Julliard, 1994.

expérience, unique dans l'histoire, où le libéralisme et le socialisme ont fait cause commune, en laissant entrevoir, en dépit des échecs, ce que pourrait être une société démocratique, libre et égale, bâtie à partir de la base. Les phalanstères de Fourier ont été une préfiguration des coopératives. Les équitables pionniers de Rochdale qui, en 1844, fondèrent la première coopérative de consommation en Grande-Bretagne étaient les disciples d'Owen, qui créa aussi le premier syndicat, « La grande union nationale et morale des classes utiles et productives ». Ce courant du socialisme libéral fut traité par Engels « d'utopiste », mais c'est bien l'autre option, celle confiant à l'État toutes les aspirations des travailleurs, qui s'est révélée utopique, en causant, au passage, des millions de morts. L'économie sociale n'a pas conquis le monde, mais elle est parvenue, dans un environnement difficile, à se maintenir et à se développer en préservant tant bien que mal la combinaison du libéralisme et de la justice sociale, qui est la caractéristique incontournable de la démocratie.

Aujourd'hui, les technologies de communication rendent possible ce qui s'est révélé difficile au XIXe siècle : la création des petites unités de production et de services, éventuellement reliées en réseau, dont le marché n'est pas limité au voisinage. C'est ce modèle-là qui me paraît être la base du développement du microcrédit, parce qu'il réunit à la fois l'initiative des entrepreneurs et la solidarité de la société. Il permet aux petits acteurs économiques de maîtriser leurs unités de production tout en s'appuyant sur un réseau plus large qui leur apporte des économies d'échelle et qui les met en situation de mieux résister à la concurrence des grandes sociétés.

Je me souviens d'avoir visité, il y a une vingtaine d'années, des ateliers de fabrication de chaussures à Sfax, en Tunisie. C'étaient de minuscules échoppes, dont chacune se spécialisait dans une opération particulière : découpe du cuir, couture, collage des semelles. Chacune d'elles était fragile mais, toutes ensemble, elles avaient créé une vraie industrie qui faisait de Sfax une ville connue dans la profession. À l'autre bout du monde, en Inde, Ela Bhatt mettait en place ce qu'elle appelait « SEWA Tree Network » comprenant, à côté de la banque coopérative et du système d'assurances évoqués plus haut, des coopératives agricoles et artisanales, des services de formation, d'aide juridique, de communication et d'appui aux mères de familles, ainsi que toute une action de lobbying pour obtenir une législation plus favorable au secteur des petites activités. Dans le même esprit, Adie, en France, organise des cercles de créateurs, où ces derniers peuvent échanger leurs expériences et bénéficier des informations apportées par des experts bénévoles. Avec l'appui du Crédit immobilier de France, elle crée des « boutiques de l'initiative », qui, dans les quartiers en difficulté, sont des points d'accueil des personnes voulant créer une activité économique. Les boutiques offrent l'ensemble des services, de l'accompagnement jusqu'au crédit, en passant par l'accès à l'informatique et le stockage des produits pour les vendeurs ambulants. Un projet mis en place avec un atelier d'insertion des Restaurants du Cœur recyclant des micro-ordinateurs usagés et l'appui de Microsoft, qui fournit gratuitement les logiciels de gestion, permettra aux emprunteurs de l'association d'acheter pour 100 euros des ordinateurs entièrement équipés et d'être formés à leur utilisation. Dans une société qui est de plus en plus une société d'individus, la création des réseaux devient une nécessité absolue.

Les véhicules du changement sont, et seront de plus en plus les technologies de communication. Le temps et la distance se sont réduits d'une façon extraordinaire. De même que les usines se délocalisent, de même les services peuvent aujourd'hui être assurés à distance. S'il externalise au loin certaines fonctions, Internet en crée en même temps d'autres. Il participe à la diversification des marchés en diffusant les modèles du monde entier. Il dynamise la production en amont et développe, en aval, toute une activité de transport et de services. La relation virtuelle débouche sur l'économie réelle, celle des femmes qui travaillent et des personnes âgées, qui ont besoin d'aide, celles des entreprises qui sous-traitent une large partie de services dont elles ont besoin pour mieux se consacrer à leur cœur de métier. L'économie des pays développés se recompose sous nos yeux, donnant naissance à de nouveaux métiers et à de nouveaux statuts des travailleurs. Il en est de même, dans les pays du Sud, à un autre niveau de développement. Je forme le vœu que les pays qui sont, encore aujourd'hui, à dominante agricole arrivent à passer directement de l'agriculture à l'industrialisation rurale, évitant les coûts financiers et sociaux de l'exode vers les villes suivi du réaménagement d'espace rural désertifié. Le microcrédit est un outil au service de cette économie nouvelle.

3.

Un secteur financier ouvert à tous

S'ouvrant vers une vision plus vaste de services financiers, la microfinance a aussi élargi sa clientèle. Son ambition, aujourd'hui, n'est pas seulement de servir les segments les plus pauvres de la population, mais de s'ouvrir à l'ensemble des acteurs économiques. Pour répondre à cet objectif, le secteur financier doit intégrer toutes les catégories d'institutions bancaires et non bancaires.

C'est un changement d'échelle et de dimension, une véritable révolution au niveau des méthodes et des modes de financement. Le développement de la microfinance signifie à la fois repousser la frontière des banques vers un marché desservi tant bien que mal par les institutions non bancaires et celle des institutions non bancaires vers des publics plus difficiles d'accès, dans les zones rurales et dans les quartiers difficiles. Comme nous l'avons vu plus haut, cela exige un grand effort de diffusion de bonnes pratiques pour créer des organisations viables pouvant bénéficier des financements bancaires, ou collecter l'épargne des particuliers. Cela demande également la mise en application des nouvelles technologies permettant de réduire les coûts opérationnels des services financiers de faible montant, afin de pouvoir les couvrir par le revenu des intérêts. Et enfin, cela suppose de répertorier toutes les institutions à la frontière de la microfinance, qui pourraient devenir ses alliées.

L'importance des institutions financières alternatives [1]

Les échecs retentissants des banques de développement, évoqués dans la seconde partie de ce livre, ont fait oublier l'existence, dans le monde entier, d'institutions qui ont un double objectif de rentabilité et de service aux personnes n'ayant pas accès aux banques. Ces institutions créées à des époques différentes, par des gouvernements ou par des philanthropes, que l'on appellerait aujourd'hui des entrepreneurs sociaux, comprennent, aussi bien, des banques publiques, que des caisses d'épargne, des coopératives d'épargne-

---

1. Cette appellation, traduite de l'américain, signifie seulement qu'il ne s'agit pas de banques classiques.

crédit, les services financiers de la Poste et des petites banques locales, implantées le plus souvent dans des zones rurales. Les banques de microcrédit, les programmes spécialisés des banques commerciales et les institutions de microfinance n'ayant pas de statut bancaire, sur lesquels est centré ce livre, en font également partie. Cette catégorie est, en fin de compte, la plus récente et souvent la plus professionnelle du groupe en matière de microfinance. Bien que l'entreprise soit particulièrement difficile, le CGAP a lancé une vaste recherche sur l'ensemble de ce secteur, dont les contours restent assez flous. L'enquête, publiée en avril 2004, aboutit à la conclusion que 750 millions de personnes dans le monde ont un compte dans ces institutions financières alternatives et qu'une part importante de ces comptes, difficile à chiffrer, appartient à des personnes à bas ou très bas revenu. Toutes ces institutions ne sont pas performantes. Elles souffrent d'une organisation souvent archaïque, elles ne couvrent pas leurs coûts, elles ne répondent pas à tous les besoins de leurs clients : quatre cinquièmes des comptes sont des comptes d'épargne et tout laisse penser que l'accès des clients au crédit reste difficile. Ces institutions constituent, néanmoins, une opportunité pour développer le microcrédit et pour le lier de façon plus institutionnelle avec l'épargne.

Le graphique ci-contre montre que la grande majorité de comptes recensés se trouvent en Asie, et notamment en Inde et en Chine, deux pays qui ont fait de vrais efforts pour ouvrir l'accès des services financiers à leur population. Toutes les autres régions ne représentent ensemble que 16 % du nombre total des comptes.

Répartition du nombre total des comptes par région

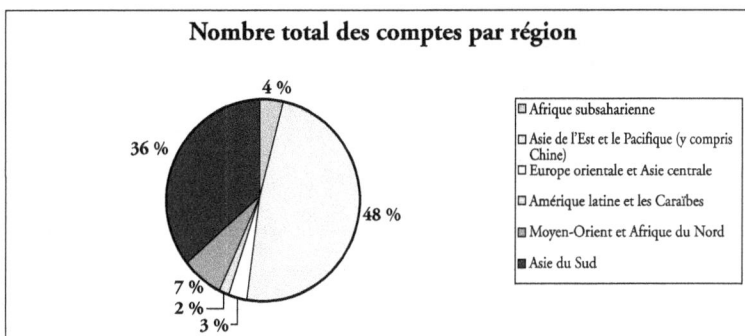

Nombre total des comptes par région

- □ Afrique subsaharienne
- □ Asie de l'Est et le Pacifique (y compris Chine)
- □ Europe orientale et Asie centrale
- □ Amérique latine et les Caraïbes
- ▣ Moyen-Orient et Afrique du Nord
- ■ Asie du Sud

36 %
4 %
48 %
7 %
2 %
3 %

Source CGAP

Les deux graphiques suivants montrent la place majoritaire de la Poste en ce qui concerne les comptes d'épargne, les banques publiques ayant, quant à elles, une position dominante en ce qui concerne les comptes de crédit. La part des institutions de micro-finance, significative en ce qui concerne les comptes de crédit (33 %), est faible pour les comptes d'épargne : beaucoup de ces institutions ne sont pas habilitées à collecter des dépôts.

Répartition de comptes par type d'institution

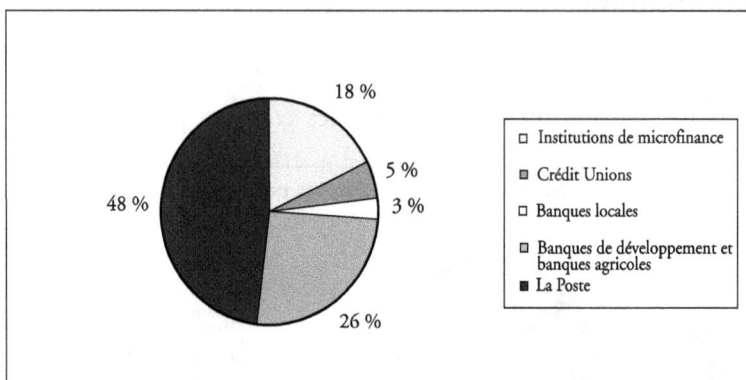

18 %

5 %

48 %   3 %

□ Institutions de microfinance

▣ Crédit Unions

□ Banques locales

▣ Banques de développement et
   banques agricoles
■ La Poste

26 %

Source CGAP

Répartition de comptes de crédit par type d'institution

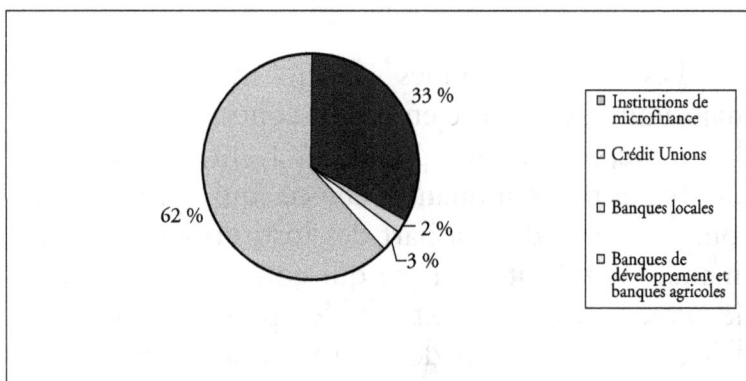

33 %

62 %

2 %

3 %

▣ Institutions de
   microfinance

□ Crédit Unions

□ Banques locales

□ Banques de
   développement et
   banques agricoles

Source CGAP

L'étude du CGAP ne conclut pas pour autant que le problème soit réglé. Au contraire. Comme le montre le tableau ci-contre, par rapport à une demande poten-tielle évaluée à 3 milliards de personnes, le nombre de clients actifs s'élève actuellement à 500 millions. Le

taux de couverture du marché ne dépasse pas 17 %
pour les clients actifs et 33 % pour les personnes ayant
accès aux services.

Estimation de la couverture du marché par
les institutions financières alternatives

Demande	
1. Population mondiale	6 milliards
2. Moins les clients des pays riches et clients des banques commerciales	(1 milliard)
3. Moins la population au dessus et au-dessous de l'âge de travail	(2 milliards)
4. Marché cible total des institutions financières alternatives	3 milliards
Offre	
5. Comptes épargne/crédit dans les institutions financières alternatives y compris estimation pour les Caisses d'épargne hors Poste	750 millions
6. Moins les comptes d'épargne dormants	(100 millions)
7. Total comptes actifs d'épargne et crédit	650 millions
8. Moins estimation des comptes multiples par client (1/5 de ligne 4)	(130 millions)
9. Total des clients actifs des institutions financières alternatives	– 500 millions
Couverture du marché	
10. Clients actifs en % du marché potentiel (ligne 9/ligne4)	17 %
11. Clients ayant accès aux services en % du marché potentiel (ligne10/2)	33 %
12. Clients actifs en % du marché potentiel (ligne9/ligne4)	17 %

source CGAP

Cette estimation chiffrée reste très approximative. Elle ne prend pas en compte l'adéquation qualitative de l'offre à la demande et ne fait pas de distinction entre différents services financiers. Elle ne donne pas de précisions sur l'équilibre financier des institutions, leur viabilité à long terme et leur ouverture au changement. Mais si l'on prend l'hypothèse qu'un tiers ou la moitié seulement de la clientèle-cible a besoin d'accès au crédit, le marché potentiel du microcrédit peut être estimé entre 1 milliard et 1,5 milliard d'individus.

Les banques : un immense marché à conquérir

Les banques ne le savent pas toutes, mais la microfinance est déjà en train de pénétrer dans leur champ d'activité. D'après l'étude du CGAP sur les institutions financières alternatives, les clients de la microfinance ont accès, dans certains pays, aux distributeurs et aux cartes bancaires. Dans trente-six pays, il existe des partenariats entre les banques et les institutions de microfinance. Dans cinquante pays, le développement de la microfinance est un débat national. De nombreuses institutions de microfinance travaillent en lien avec les centrales de risques. Douze agences de notation, parmi les plus connues, telles que Standard and Poor ou Moody's, évaluent les institutions de microfinance comme elles le font pour les banques.

Les points d'accès aux services financiers se multiplient et se diversifient : si les institutions non bancaires utilisent dans certains pays les distributeurs de billets, les banques commerciales mettent en place des services bancaires dans des endroits assez inattendus : la ICICI Bank [1] en Inde utilise les boutiques de services informatiques pour desservir les zones rurales ; la FNB [2] en Afrique du Sud investit 4 000 boutiques de village et crée des antennes mobiles pour les petits clients. Au Brésil qui, suivant le mot d'Ignacio Ramonet, a été « une victime active de la mondialisation » en perdant, dans les années 90, seize millions d'emplois industriels, une politique de lutte contre l'exclusion financière a été lancée sous l'impulsion du président Lula da Silva. Une mesure provisoire prise par le gouvernement prévoit l'affectation de 2 % du montant total des dépôts à vue aux prêts à des particuliers ou à des microentrepreneurs à faibles revenus. La Caixa Economica a créé 9 000 points d'accès aux services financiers en utilisant notamment les kiosques vendant les billets de loterie. En six mois, 1,5 million de comptes ont été ouverts. Curieusement, 5 % seulement des détenteurs de comptes demandaient un crédit. On s'aperçut alors que les gens préféraient faire appel aux banques commerciales, qui avaient un système de gestion informatisé et donnaient à leurs clients des cartes bancaires. La Caixa Economica a entraîné ainsi, derrière elle, les banques commerciales. Celles-ci ne sont pas, pour autant, obligées de faire du microcrédit, si elles ne s'y sentent pas préparées. Elles peuvent le faire en partenariat avec des institutions spécialisées ou déposer les montants correspondant à la

---

1. 2ᵉ banque en Inde avec 5 millions de comptes ouverts.
2. First National Bank.

Banque centrale. De toute évidence, la politique de microfinance au Brésil cherche encore sa voie, mais l'opinion publique a pris conscience de l'importance de l'enjeu et la volonté politique de favoriser le développement des services financiers existe.

Plus près de nous, les banques de l'Union européenne investissent dans le microcrédit destiné aux populations des pays pauvres. Banco Santander a créé une filiale de microcrédit au Chili, où les microentreprises représentent 45 % de l'emploi, et où moins de 20 % d'entre elles ont accès au crédit bancaire. Dès à présent, dans les pays industriels, la banque de détail correspond à une part majeure de l'activité bancaire. La moyenne des prêts de la CityBank en Amérique du Nord est de 18 000 dollars. On n'est plus très loin des montants des petits prêts, même, si à ce stade, ils ne concernent pas les publics démunis.

Pourtant, les taux de pénétration du segment de marché, correspondant aux publics défavorisés, restent faibles. Nous avons vu qu'en Europe centrale et dans les nouveaux pays indépendants, où le microcrédit s'est beaucoup développé au cours des dix dernières années, il est de l'ordre de 5 %. En Chine et au Nigeria, immenses marchés à conquérir, il ne dépasse pas 1 ou 2 % [1]. L'enjeu pour les banques consiste donc, aujourd'hui, à investir dans la conquête d'un énorme marché, pratiquement vierge. Non pas par bonté d'âme, mais par intérêt. Pour paraphraser la célèbre phrase du duc de Rohan : « Les princes commandent aux peuples et l'intérêt commande aux princes », on

---

1. Voir IIe partie, chapitre 3 : La carte du microcrédit.

pourrait dire : « Les banques commandent à l'économie et l'intérêt commande aux banques. » Ce constat mérite une explication. Non seulement, au cours des dernières années, les nouvelles technologies ont considérablement réduit les coûts de gestion, mais, en même temps, les banques, qui, auparavant, gardaient le risque, ont pris l'habitude de s'en débarrasser partiellement à travers des opérations de titrisation [1] et les dérivés de crédit [2]. En fait, pendant que le Comité de Bâle surveille le risque des banques et met en place une nouvelle réglementation sous le nom de Bâle II, ce risque s'est reporté, en grande partie, plus particulièrement aux États-Unis, vers les compagnies d'assurances, les fonds d'investissement et de pension. Voilà donc les banques dont le risque et les coûts de gestion diminuent, dont la taille augmente, à travers des fusions ou des rachats, qui se mettent à accumuler des profits gigantesques. À titre d'exemple, les résultats nets de HSBC [3] sont de l'ordre de 12 milliards d'euros par an. Le Crédit lyonnais a été racheté 20 milliards d'euros par le Crédit agricole. Cela veut dire, en schématisant le propos, que tous les deux ans, HSBC pourrait racheter sans effort une banque de la taille du Crédit lyonnais. À ce niveau de richesse, les opportunités d'investissement se font rares. Investir dans le crédit aux pauvres n'est plus seulement une œuvre d'intérêt général. Cela peut être aussi un choix d'intérêt, tout court, d'autant plus que les fonds d'inves-

1. La titrisation permet d'isoler les risques et de les fragmenter en les revendant par tranches.
2. Les dérivés de crédit sont des contrats transférant le risque à d'autres opérateurs.
3. Hong Kong and Shanghai Bank Corporation.

tissement sont à la recherche de marchés nouveaux et que les fonds d'investissement socialement responsable pourraient facilement s'intéresser au microcrédit, comme le font déjà, en France, les fonds d'épargne salariale, qui intègrent une part d'épargne solidaire. Aussi, regardant, cette fois-ci du point de vue des banques, on constate qu'elles ont aujourd'hui dans les quartiers pauvres des pays riches et, plus encore, dans les pays du Sud, des clients à découvrir et toute une économie populaire à développer qui, à son tour, pourrait susciter la création de nouveaux besoins et la mise au point de nouveaux produits.

Deux exemples extrêmes illustrent cette démarche : les États-Unis et la Mongolie. Aux États-Unis, les banques avaient la fâcheuse habitude d'entourer d'un trait rouge les zones pauvres où elles ne souhaitaient pas investir, même si elles y collectaient de l'épargne. Afin de lutter contre les inégalités et la décadence des quartiers, le gouvernement fit voter en 1977 le Community Reinvestment Act (CRA), qui fut amendé en 1994 et 1995. La volonté du législateur était que les prêts soient considérés en fonction de leurs mérites propres et non en fonction du quartier dans lequel se situe le projet.

Dans le cadre de la loi, les agences fédérales de supervision évaluent les performances des institutions financières par rapport aux services qu'elles apportent à l'ensemble de la communauté, y compris aux populations et aux quartiers les plus défavorisés. Ces performances sont prises en compte dans la notation des banques et dans l'évaluation de leurs demandes, qu'il s'agisse d'agrément, d'ouverture d'agence, d'assurance des dépôts, de fusion/recapitalisation ou d'accès au guichet de refinancement à court terme de la Réserve fédérale. Les banques ne sont pas obligées d'effectuer des prêts qu'elles considèrent comme risqués, mais elle doivent fournir des statistiques précises sur la répartition de leur portefeuille et donner une justification économique à leur décision de ne pas prêter. Il s'agit donc essentiellement d'une pression fondée sur la transparence de la politique de crédit, notée sur quatre critères : prêts accordés aux populations défavorisées, investissements réalisés dans les quartiers difficiles, services offerts dans ces quartiers, et soutien aux organisations intervenant en matière de développement économique des quartiers en difficulté. Les banques prêtent, en effet, dans ces quartiers, soit directement, soit à travers des « Community development finance institutions » ou des « Community development corporations », qui jouent le rôle de détaillant de crédit et apportent leur appui aux initiatives des habitants, comme l'Adie le fait en France.

Les résultats de cette politique sont assez remarquables. Comme l'explique Ken Hudson, les banques, qui dans un premier temps se sont pliées aux règles du CRA par crainte de publicité négative, ont découvert un marché nouveau, celui des ménages à bas revenu. Ce marché ignoré il y a vingt-cinq ans, représente aujourd'hui, aux États-Unis, 20 % du total des encours de crédit aux particuliers, soit 1 200 milliards de dollars. Sur ce total, 800 milliards de dollars sont prêtés aux clients à risque. Parallèlement aux banques, des institutions non bancaires « fringe banks » fournissent aux habitants des quartiers pauvres des facilités de paiement et des microprêts. Leur activité, parfaitement rentable, est évaluée à 80 milliards de dollars [1].

À l'opposé de l'expérience américaine, qui pourrait inspirer avantageusement d'autres États industrialisés, l'exemple de la Mongolie montre le cas d'un pays caractérisé par son immensité, la faible densité de sa population et le lourd héritage de l'économie soviétique. C'est là, pourtant, que fut créée en 2002, par la fusion de deux organisations non bancaires, la Xac-Bank. Sa mission est, « en premier lieu, de contribuer au développement économique et social du pays en ouvrant l'accès aux services financiers à tous les citoyens et à toutes les entités locales, y compris à ceux qui en sont normalement exclus, c'est-à-dire aux personnes ayant des revenus faibles et à celles qui vivent dans les zones rurales reculées. Deuxièmement, et c'est également important, de maximiser la valeur de l'investissement des actionnaires, tout en créant une institution viable ». En formulant sa vision, la banque fait explicitement référence à l'utilisation des nouvelles technologies pour servir la population la plus marginalisée. Elle ouvre des comptes à tous les types de clientèle vivant dans la steppe. Elle collecte l'épargne à vue et à terme. Son portefeuille comprend, pour 59 %, des prêts aux microentreprises d'un montant inférieur à 700 euros et pour 36 % des prêts aux salariés. Les 5 % restants se divisent entre des prêts aux PME et des prêts aux éleveurs. Le taux d'impayés est inférieur à 1 %. Les taux pratiqués de 3,75 % à 5 %

---

1. Crédit Municipal, Ken Hudson, *La bancarisation des nouveaux marchés urbains*, Economica, 2004.

par mois, plus les commissions, permettent à XacBank de financer ses coûts opérationnels et d'assurer son développement. Ses 31 agences couvrent désormais l'ensemble de l'immense territoire mongol. Le jeune directeur de la banque explique le succès par un développement fondé sur la demande des clients, une orientation commerciale prise dès le début, la bonne volonté de l'État et de la Banque centrale vis-à-vis de l'expérimentation du microcrédit et l'absence d'interférence politique. Et en vrai fils de Gengis Khan il pose la question : « Y a-t-il une frontière au développement des services financiers ? Devrait-il y en avoir une ? »

Les organisations non bancaires : compenser les défaillances du marché

Si les banques s'engagent de plus en plus dans la microfinance, ce sont les organisations non bancaires qui jouent le rôle de révélateurs et de pionniers des nouveaux marchés. Leur double mission est de repousser la frontière vers des publics de plus en plus précaires et des zones de plus en plus difficiles d'accès et aussi de servir de distributeurs de détail aux banques qui, dans certains cas, préfèrent jouer le rôle de grossistes. C'est ainsi que l'Adie conçoit son rôle en France, où elle est, pour les chômeurs et les RMIstes, un sas d'entrée dans le secteur bancaire mais où elle intervient aussi sur les ressources des banques, auprès des catégories de clients que celles-ci ne sont pas prêtes à servir directement. La différence majeure entre une association de microfinance et une banque classique se trouve dans le but non lucratif de l'association et dans sa plus grande liberté d'expérimentation et d'organisation de services d'appui technique pouvant être couverts par subventions.

Les partenariats entre les banques et les institutions non bancaires se multiplient : Raiffeisen bank prête à des institutions non bancaires de microfinance en Bosnie et en Bulgarie et la Société générale prend le même chemin. Le Crédit mutuel, le Crédit coopératif et les autres Banques populaires prêtent à l'Adie en France, en utilisant l'amendement récent à la loi bancaire [1]. Le Crédit immobilier de France finance les fonds de crédit et une part des coûts opérationnels dans les quartiers difficiles, alors que le Crédit agricole et la Caisse des dépôts et consignations contribuent au financement des prêts d'honneur. La ICICI bank en Inde contracte des opérations avec des institutions de microfinance et des groupes d'emprunteurs. La Sogebank en Haiti crée une filiale de microcrédit. La Jammal trust bank au Liban participe au capital d'Ameen, institution de microfinance. Tandis que certaines Caisses d'épargne, en France, participent au coût de l'accompagnement des créateurs, tout en gérant elles-mêmes les prêts, l'événement de la fin de l'année 2004 est l'engagement de la sixième banque commerciale du monde, la BNP Paribas, dans le développement du microcrédit. La convention signée avec l'Adie prévoit, non seulement l'octroi d'une ligne de

---

1. Loi sur les Nouvelles régulations économiques du 15 mai 2001, article L 511-6 du Code monétaire et financier.

crédit et une participation au risque, mais aussi une contribution à l'accompagnement des projets.

Les partenariats entre les banques et les institutions non bancaires

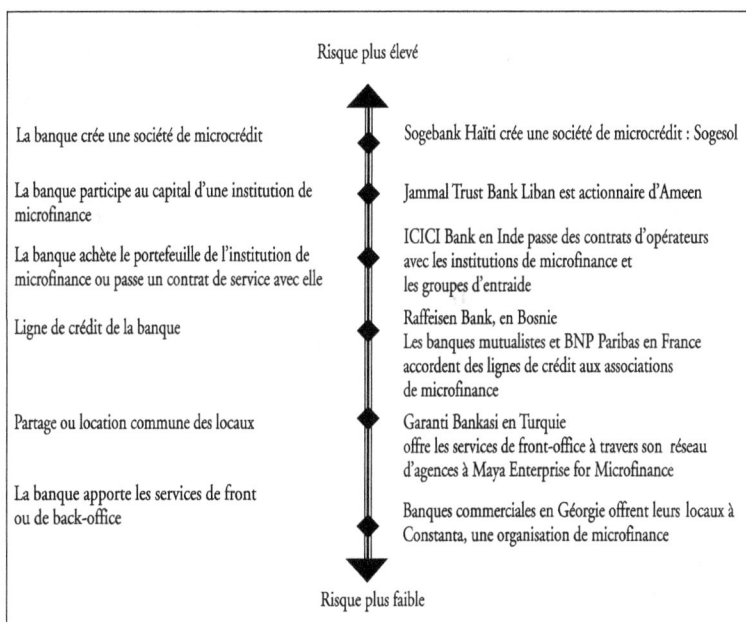

Risque plus élevé

La banque crée une société de microcrédit	Sogebank Haïti crée une société de microcrédit : Sogesol
La banque participe au capital d'une institution de microfinance	Jammal Trust Bank Liban est actionnaire d'Ameen
La banque achète le portefeuille de l'institution de microfinance ou passe un contrat de service avec elle	ICICI Bank en Inde passe des contrats d'opérateurs avec les institutions de microfinance et les groupes d'entraide
Ligne de crédit de la banque	Raffeisen Bank, en Bosnie Les banques mutualistes et BNP Paribas en France accordent des lignes de crédit aux associations de microfinance
Partage ou location commune des locaux	Garanti Bankasi en Turquie offre les services de front-office à travers son réseau d'agences à Maya Enterprise for Microfinance
La banque apporte les services de front ou de back-office	Banques commerciales en Géorgie offrent leurs locaux à Constanta, une organisation de microfinance

Risque plus faible

source CGAP et Adie

Des possibilités similaires s'ouvrent en matière d'assurance. De grandes sociétés comme Axa, Allianz ou AIG, commencent à s'intéresser au marché de la microassurance. Beaucoup d'institutions de microfinance, qui ne sont pas en mesure de gérer elles-mêmes un service d'assurance, pourraient ainsi devenir le « front-office » des banques et des compagnies d'assurances pour les publics démunis.

Un environnement réglementaire plus favorable

Pour ouvrir le secteur financier à tous les acteurs économiques, il faut non seulement des institutions de microfinance bancaires et non bancaires, mais aussi un environnement institutionnel plus porteur. Le rôle des Pouvoirs publics n'est pas d'intervenir directement dans la gestion du crédit. L'expérience a montré le double risque d'incompétence et d'interférence politique. Ce rôle est, en revanche, de créer un environnement favorable au développement de l'initiative économique et d'un secteur financier ouvert à tous.

Laisser un espace de liberté aux acteurs économiques
Le principe majeur de l'économie de marché est de laisser à tous les acteurs économiques l'espace de liberté suffisant pour qu'ils puissent entreprendre, tout en l'organisant au moyen des règles qui, pour être efficaces, doivent être simples, stables et équitables, garantissant à chacun l'égalité des chances. Ce principe est loin d'être appliqué par ceux qui s'en réclament.

Dans les pays en voie de développement, l'environnement réglementaire est relativement léger, dans la mesure où les petites activités économiques fonctionnent, en général, de façon informelle. Mais les choses ne sont pas simples pour autant, dès qu'on essaie de raccorder le monde traditionnel et le monde moderne. En zone rurale, le problème de la divergence entre le droit traditionnel, généralement oral, et le droit moderne n'a jamais été résolu. Dans les villes, le secteur informel s'est développé suivant ses règles propres, sans que, dans la plupart des pays, la loi essaie de le rattraper. À l'avant-garde du combat pour la reconnaissance du secteur informel se trouve le Pérou, où sous la pression de l'Institut pour la liberté et la démocratie, présidé par Hernando de Soto, plus d'un million de titres de propriété ont été accordés aux occupants des terres. Cette mesure a donné une valeur aux parcelles et a permis aux travailleurs du secteur informel, qui représentent plus de la moitié de la population active, d'emprunter auprès des banques. L'exemple a été suivi, plus récemment, par le Brésil, créant une véritable révolution économique dans les quartiers pauvres.

Aux problèmes réglementaires s'ajoute celui des charges fiscales, officielles ou non. Parce qu'ils ne sont pas enregistrés, on pense que les microentrepreneurs échappent au poids des impôts. C'est souvent faux. En effet, dans beaucoup de pays et plus particulièrement dans les grandes villes du Sud, ils paient des taxes à la mafia ou aux policiers.

Dans les pays industriels, la difficulté majeure est plutôt la trop grande abondance des lois. Comme le rappelle Alain Supiot, bien que la liberté du travail soit un principe constitutionnel, « la liberté d'entreprendre est totalement bafouée. Pour s'installer dans un travail, il faut un diplôme. Il n'y a donc plus de travail où l'on puisse s'engager par rapport à ses rêves [1] ». On pourrait, là aussi, tracer un parallèle avec la situation des marginaux de l'Ancien Régime qui,

---

1. Alain Supiot, « La Liberté du travail, bien commun », in le *Quart Monde*, avril 1998.

poussés par la misère, quittaient leur village à la poursuite de ce qu'on n'appelait pas encore « les petits boulots ». Ils furent persécutés pendant des siècles, sans disparaître pour autant, jusqu'au jour où la loi Le Chapelier (1791) fit sauter, en France, le verrouillage imposé par les corporations et proclama le libre accès de tous au marché du travail [1]. Aujourd'hui, les trois verrous majeurs à faire lever, pour libérer l'initiative des travailleurs indépendants, sont la lourdeur des prélèvements obligatoires, la complexité de l'environnement réglementaire et une articulation peu incitative par rapport au système de protection sociale.

La lourdeur des prélèvements obligatoires est d'abord celle des cotisations sociales, évoquée à propos de la France [2]. Cette surimposition du travail et, plus particulièrement, du travail peu qualifié, est l'une des causes de l'exclusion. Le principe de l'égalité, cher à la République, agit contre les personnes défavorisées, qui ne sont pas en mesure de cotiser à un système de protection sociale conçu pour des citoyens plus aisés. Comble d'injustice, ce principe n'est même pas appliqué, puisqu'on fait payer aux personnes les plus démunies des cotisations sociales supérieures au prélèvement obligatoire moyen [3] en créant une inégalité de traitement et un abus de faiblesse au détriment des plus démunis. La seule solution positive du point de vue des intéressés, comme du point de vue de l'intérêt général, consiste, au contraire, à leur accorder une

---

1. Robert Castel, *L'Insécurité sociale*, Seuil, 2003.
2. Voir IIe partie, chapitre 2 : Le crédit solidaire en France et dans l'Union européenne.
3. Compte tenu des effets de seuil, les cotisations sociales sur le revenu d'un travailleur indépendant qui gagne l'équivalent du RMI s'élèvent à 54, alors que le prélèvement moyen est de l'ordre de 44.

exonération dégressive, le temps de développer leur activité et d'être en mesure de payer les cotisations. La réglementation se traduit par un véritable « impôt temps », qui constitue une charge fixe d'autant plus lourde que l'entreprise est petite [1]. L'incidence de cet environnement réglementaire sur les petites entreprises, du simple fait de leur taille, est proportionnellement 10 à 20 fois plus forte que sur les grandes. Les règles, en fait, ont été établies pour les sociétés, employant des milliers de salariés, alors que c'est le contraire qui aurait été judicieux.

Le poids de la réglementation et sa souplesse d'application varient suivant le pays. C'est presque un cliché de dire qu'en France la culture d'un État centralisé et le poids du secteur public, qui comprend plus d'un quart de la population active, ont pour résultat une réglementation complexe qui ne facilite pas la légalisation des activités menées par des personnes ayant un handicap éducatif et culturel. C'est aussi le cas en Allemagne, où le carcan des règles est renforcé par le sens de la discipline des citoyens. Les pays anglo-saxons bénéficient des réglementations relativement plus simples et ceux du sud de l'Europe ont une culture qui leur permet de s'accommoder plus facilement du travail informel. Le slogan de la Commission européenne est, désormais, « Pensez d'abord petit ». Espérons qu'il sera plus qu'un slogan.

Enfin, dans le cadre de l'État providence, tel qu'il

---

1. Le coût total des contraintes administratives a été estimé, en 1995, entre 150 et 250 milliards d'écus par l'Observatoire européen des PME. Il n'a certainement pas diminué depuis.
    D'après une étude faite en Grande-Bretagne, les petites entreprises dépensent 2 % de leur chiffre d'affaires pour appliquer la réglementation de la TVA.

fonctionne dans beaucoup de pays d'Europe, la création d'activité n'est pas articulée de façon incitative avec la sortie du système de protection sociale. Les gens qui vivent dans des conditions très précaires ne sont pas portés à prendre des risques. Or non seulement, les personnes qui tentent de se réinsérer en créant une activité économique perdent, dans de nombreux cas, leurs droits aux allocations et aux prestations sociales avant d'avoir un revenu suffisant pour vivre, mais encore, elles sont infantilisées par le système. Ainsi, en Grande-Bretagne, les allocations logement sont versées directement au propriétaire du logement et non au bénéficiaire. Aux Pays-Bas, les personnes qui bénéficient du revenu minimum sont soumises à des contrôles très stricts, et n'ont pas le droit d'avoir une activité quelconque. Les autorités ont mis en place un numéro de téléphone spécial permettant à n'importe qui de dénoncer de façon anonyme son voisin suspect de fraude[1]. En France, en dépit des mesures légales prises, les banques décident souvent de la priorité des versements à faire, à partir des comptes ouverts chez elles. On crée ainsi, de toutes pièces, une culture de dépendance, d'irresponsabilité et d'incapacité de gestion, dont les conséquences vont bien au-delà de la génération directement touchée. En même temps, on renforce, sans le vouloir, les structures administratives chargées de gérer les publics en difficulté.

Au total, contrairement aux discours officiels, ce n'est pas l'esprit d'entreprise qui manque aujourd'hui

---

1. Herman et Marleen van Breen, « La liberté des plus pauvres est-elle insupportable ? » in *Quart Monde*, avril 1998.

en France et dans d'autres pays européens, c'est l'inadéquation de l'environnement institutionnel et la difficulté d'accès au crédit, qui bloquent l'initiative économique et, plus particulièrement, celle des demandeurs d'emploi. L'importance décisive des politiques publiques fondées sur le constat de bon sens, qu'une entreprise ne se développe pas en un jour, est démontrée par les effets de la loi Hartz en Allemagne, qui a permis entre 2002 et 2004 de faire passer le nombre de chômeurs, créateurs d'entreprise de 123 300 à 330 800, en leur maintenant pendant trente-six mois une allocation de chômage dégressive.

A contrario, le maintien durable des chômeurs ou des RMIstes dans la dépendance de l'aide sociale condamne à terme l'aide sociale à se détruire elle-même.

Intégrer la microfinance dans le secteur financier
La mise en application du mot d'ordre lancé par l'ONU à l'occasion de l'année du microcrédit déclarée en 2005 : « Bâtir un secteur financier ouvert à tous » suppose une réflexion sur l'ensemble des règles qui le gouvernent. Fondamentalement, ces règles ont pour but de protéger les acteurs économiques – plus particulièrement les épargnants – et d'assurer la stabilité du système financier, qui joue un rôle central au sein de l'économie. La difficulté vient du fait que le développement économique tout comme les services financiers est fondé sur le risque et que, par voie de conséquence, la réglementation doit trouver le juste milieu entre la liberté d'action laissée aux institutions et le souci de protection du système financier dans son

ensemble. D'après Alan Greenspan, le président de la Federal Reserve [1] : « Laisser aux institutions la flexibilité qui peut les mener à la faillite est aussi important que de leur donner l'opportunité de réussir. Par nature, tout investissement comporte un risque. Le rôle des banques est d'aider à financer ce risque, ce qui suppose que la banque elle-même prenne un risque. En fait, c'est bien le rôle économique des banques dans l'économie de marché. Le but de la gestion des risques n'est pas de supprimer le risque mais de le gérer de manière prudente [2]. »

Or, dans beaucoup de pays, la réglementation de la microfinance souffre à la fois d'un manque de compréhension et d'un excès de prudence des autorités concernées. En bonne logique, si son rôle est de soutenir la croissance de l'économie, cette réglementation ne devrait pas exclure de son champ d'activité une part majeure de la population mondiale sous prétexte que le secteur bancaire classique ne sait pas la prendre en compte. Elle devrait, au contraire, soutenir le développement d'approches nouvelles, qui permettent l'extension des services financiers à l'ensemble des acteurs économiques. On ne peut à la fois admirer le succès de la Grameen bank et ignorer le fait qu'elle fut aidée à ses débuts par la Banque centrale et put bénéficier d'une loi spéciale, adaptée à son activité.

Le premier pas pour améliorer l'environnement institutionnel devrait donc consister à introduire dans

---

1. Banque centrale des États-Unis.
2. Cité par Ricki Tigert Helfer, ancienne présidente de la Federal deposit insurance corporation des États-Unis au 2ᵉ Forum sur la législation et la réglementation de la microfinance, tenu à Cracovie du 26 au 28 juin 2003.

le préambule de tous les textes législatifs relatifs au secteur financier une référence à ce principe fondamental d'ouverture du secteur financier. Les banques n'étant pas prêtes à couvrir, seules, tous les segments de la clientèle, ce principe a pour corollaire la reconnaissance des organisations non bancaires de microfinance. Une réflexion d'ensemble devrait être menée à partir des expériences réelles, sur le contenu et les limites de la réglementation à promouvoir. Comment accepter, en effet, que sous l'effet d'une directive européenne mal comprise l'administration roumaine interdise aux 3 000 coopératives d'épargne crédit, regroupant 1,5 million de membres de collecter l'épargne, condamnant ainsi un réseau utile et performant à une mort lente ? Comment comprendre qu'en Croatie le taux d'intérêt des coopératives d'épargne crédit est plafonné à 11,9 %, très en dessous de celui des banques, qui est de 30 à 40 %, alors que dans la zone de l'UMOA c'est le contraire [1] ? Comment admettre que dans certains pays les associations de microfinance sans but lucratif soient soumises au même impôt sur les sociétés que les entreprises privées ? Comment faire passer l'idée que les institutions de microfinance qui adoptent le statut de banque devraient pouvoir continuer de fonder la sécurité de leur portefeuille non pas sur des garanties réelles inexistantes mais sur la confiance, la solidarité et le suivi de leurs performances globales ?

Il serait temps, pour accélérer le processus de

---

1. Compte tenu du surcoût des petits prêts, les taux des prêts octroyés par les institutions de microfinance en Afrique de l'Ouest sont plafonnés à 27 % contre 19 % pour les prêts bancaires.

démonstration à partir de la base, que le Comité de Bâle, avec la participation active des institutions de microfinance, établisse le recueil des bonnes pratiques, pouvant servir de référence, en la matière. Il ne s'agit pas de bâtir un carcan de règles, qui, de toute évidence, gênerait un secteur en pleine croissance, mais de comparer les systèmes réglementaires en cherchant des bons et des mauvais exemples par rapport aux objectifs visés. J'avais évoqué cette question, en 2001, alors que j'étais conseillère spéciale au cabinet du ministre de l'Économie, des finances et de l'industrie, avec la Secrétaire générale du Comité de Bâle, qui s'était déclarée prête à lancer une réflexion sur ce thème, sous réserve d'une demande faite par le Forum de stabilité financière. Je ne suis pas arrivée, à l'époque, à provoquer une telle demande, mais l'année du microcrédit me paraît une bonne occasion pour réessayer.

Le deuxième pas devrait être la distinction entre le type d'institutions qui devraient être soumises à la loi bancaire et celles qui, au contraire, peuvent simplement être enregistrées auprès du ministère des Finances et soumises à un contrôle plus souple. Beaucoup de pays, parmi lesquels la Bosnie, ont ainsi voté des lois donnant un statut particulier aux associations de microfinance. L'amendement de la loi bancaire française[1], permettant aux associations finançant des chômeurs et des allocataires des minima sociaux d'emprunter pour prêter, procède de la même logique : il s'agit de reconnaître l'utilité économique

---

1. Loi sur les Nouvelles régulations économiques du 15 mai 2001 ; article L. 511-6 du Code Monétaire et Financier.

et sociale d'un service financier, qui est l'objet d'une défaillance du marché et qui ne fait courir aucun risque à l'ensemble du secteur, sans mettre en place une réglementation et un système de supervision disproportionnés. Le problème des coopératives d'épargne crédit est plus difficile à résoudre car l'État a bien la responsabilité de protéger les dépôts des particuliers. Mais, même dans ce cas, il est bon de peser le risque très faible que les coopératives d'épargne crédit font courir à leurs membres face à leur utilité économique et sociale. Les supprimer va à l'encontre de l'intérêt général. Leur supervision coûteuse, par suite de la faible taille et de la multiplicité des caisses, peut être assurée par une organisation faîtière. L'intérêt des petits clients, qui ont dramatiquement besoin d'accès aux services financiers, voudrait, qu'à l'instar des États-Unis les pays européens maintiennent la distinction entre les « credit unions » et les banques. Ce n'est pas la voie que certains d'entre eux semblent prendre actuellement : bien que les directives européennes ne l'exigent d'aucune façon, les « credit unions » irlandaises et britanniques sont soumises désormais à la loi bancaire. Si les banques mutualistes et les caisses d'épargne sont à présent trop loin de leurs origines pour remplir le rôle que jouent leurs petites sœurs, les coopératives d'épargne crédit, dans quelques pays et notamment en France et en Espagne, les caisses d'épargne ont l'obligation légale d'affecter une partie de leurs résultats à des projets d'intérêt local ou social. Cette disposition, à consonance charitable, amène une partie d'entre elles à développer des actions de microcrédit à travers leur propre fondation ou en partenariat avec des associations extérieures. Elle ne compense pas le fait que, prises dans le filet de la réglementation bancaire, ces institutions, créées à l'origine dans un but philanthropique, ne prêtent plus, directement, aux clientèles les plus démunies.

Enfin, en ce qui concerne les institutions de microfinance, de plus en plus nombreuses, qui adoptent le statut de banque, des ajustements de la réglementation prudentielle pourraient être faits en fonction des caractéristiques spécifiques de leur activité : petite taille des organisations qui requiert un capital minimum plus faible, mais des fonds propres suffisants pour assurer la croissance et des règles de provisionnement adaptées à la gestion différente du risque. Au fur et à mesure que le microcrédit gagne en visibilité, une réglementation mieux adaptée à son caractère spécifique apparaît dans des pays aussi différents que la Bolivie, le Kirghizstan ou la Macédoine. Elle mériterait d'être analysée et connue.

Le dernier pas serait la diffusion aux ministères des Finances et aux Banques centrales d'une information sur les pratiques qui ont fait leurs preuves. De plus en plus souvent, en effet, ces institutions se trouvent confrontées au problème, sans toujours savoir comment le traiter. Il est important que les autorités compétentes de chaque pays aient accès à une base de savoir commun, pour décider des limites et du contenu de la réglementation.

Au-delà des règles visant à garantir la bonne gestion des institutions soumises ou non à la loi bancaire, la suppression ou le relèvement des plafonds bloquant les taux d'intérêt à un niveau trop bas est une condition du développement du microcrédit. Nous avons vu[1] que ces plafonds établis pour protéger les emprunteurs de l'usure limitent l'offre et empêchent les clients potentiels d'avoir accès au crédit ou provoquent l'émergence des pratiques de contournement. Dans le cas d'un pays très réglementé, comme la France, elles peuvent ainsi amener les banques à transformer le crédit aux entreprises en crédit aux particuliers, sous la forme d'une ligne revolving à taux beaucoup plus élevé. Le client est perdant dans la mesure où son projet n'est ni évalué, ni accompagné. Il a donc plus de chances d'échouer et de se retrouver à la commission de surendettement. Le taux d'usure est d'autant moins justifié que, sur des prêts de faible montant et de courte durée, la différence en valeur absolue est relativement faible pour l'emprunteur, alors qu'elle est fondamentale pour l'équilibre financier de l'institution[2].

Les organisations de microfinance, plus spécialisées que les banques, sont dans l'impossibilité de faire une péréquation entre les profits réalisés sur les différents produits financiers et sont obligées de faire appel aux subventions avec toute la précarité que cela entraîne.

Le relèvement du plafond des prêts aux entreprises individuelles[3] ne veut pas dire, bien sûr, que l'institution prêteuse ne doit pas, par tous les moyens,

---

1. Cf chapitre 2.
2. À titre d'exemple, sur un prêt de 2 500 euros sur 18 mois, la différence est inférieure à 7 euros par échéance, suivant que le taux est de 6 % ou de 12 %.
3. Sans prendre position sur les modalités de ce relèvement du taux d'usure, on pourrait imaginer que le plafond des taux d'intérêt des prêts aux entreprises individuelles soit du même

chercher à réduire ses coûts et à baisser ses taux d'intérêt. L'emprunteur n'a pas à payer une organisation inefficace ou un bénéfice abusif. Mais créer une défaillance du marché au nom des bons sentiments n'est pas une solution satisfaisante. Si pour des raisons politiques l'État ne souhaite pas la vérité des prix, c'est à lui de payer le différentiel de revenu, pour permettre à l'institution de microfinance de fonctionner de façon pérenne.

Enfin, en dernière extrémité, dans les pays où le taux d'intérêt est plafonné, la solution de substitution à la rentabilité financière peut être la recherche d'une rentabilité économique. Si, comme c'est le cas en France [1] le coût de création d'une entreprise par un chômeur est largement inférieur au coût annuel d'un chômeur, la contribution des Pouvoirs publics est pleinement justifiée. Mais le risque, dans ce cas, demeure considérable que le programme doive s'arrêter à tout moment si, pour une raison ou une autre, généralement indépendante de ses résultats, les financeurs suspendent leur contribution. Aussi une telle solution ne peut être appliquée que de façon provisoire, en attendant le changement de la réglementation.

Il reste à évoquer les pays où l'insuffisance de règles a pour résultat des pratiques abusives de taux d'intérêt, portant essentiellement sur les prêts aux particuliers. C'est notamment le cas en Grande-Bretagne, où le démarchage à domicile de certains établissements financiers, pratiquant des taux de 100 % ou 170 %,

---

ordre que celui des prêts à la consommation. Il faut rappeler que le taux d'usure sur les prêts aux sociétés a été levé en 2003.

1. Voir IIe partie, chapitre 2 : Le crédit solidaire en France et dans l'Union européenne.

constitue des pratiques prédatrices. Le remède ne se situe pas seulement dans une réglementation plus rigoureuse des prêts à la consommation, indispensable par ailleurs, mais aussi dans une meilleure information et responsabilisation des usagers et dans la création d'un marché de services financiers compétitif pour tous les segments de la clientèle.

En conclusion, l'intégration du microcrédit dans la réglementation financière, pour nécessaire et inévitable qu'elle soit, ne doit pas se traduire par une assimilation pure et simple. Il est important que le microcrédit préserve ses caractéristiques financières propres et qu'il ne soit pas, non plus, amputé de sa face sociale. La plupart des recommandations en matière d'environnement réglementaire portent, en effet, sur les aspects financiers, qui sont le moyen et non la fin. Le risque majeur pour l'avenir du microcrédit serait de séparer l'objectif social de lutte contre la pauvreté et l'exclusion et celui de créer un secteur financier ouvert à tous. C'est en cassant ce mur que l'on peut trouver un espace de progrès infini pour la croissance et pour la cohésion sociale.

Comment financer le développement du microcrédit

Si l'on reconnaît le rôle essentiel du crédit dans le développement de l'activité économique, on ne peut justifier l'exclusion financière de trois milliards de personnes. Il est clair, en même temps, que des besoins aussi immenses ne peuvent être satisfaits par des subventions des États ou de la communauté internationale, qui restent affectées en priorité au démarrage des programmes. Le Sommet du Microcrédit estime qu'il faudrait 22 milliards de dollars pour ouvrir accès au crédit à 100 millions de personnes pauvres. C'est beaucoup, si on le compare au montant de l'aide publique. C'est peu, si on le rapproche des résultats des banques privées, en imaginant qu'elles pourraient en investir une partie pour élargir leur marché.

Si l'on parle non plus de 100 millions mais de 1 ou 1,5 milliard d'hommes[1], le problème peut paraître insurmontable. Aussi, il est réconfortant de constater que, contrairement aux apparences, ce n'est pas l'aide publique qui est la ressource principale des institutions de microfinance. La majorité des fonds viennent de l'épargne qui représente environ les deux tiers des ressources totales, le dernier tiers se partageant entre les lignes de crédit des banques locales, les subventions, les prêts et les prises de participation des organismes d'aide internationale[2]. Cette réalité est plutôt rassurante. Elle montre que le mouvement est déjà naturellement en marche au sein de l'économie et ne dépend pas, pour l'essentiel, des donateurs publics ou privés. Il est, néanmoins, important de réfléchir au type de ressources et au mode de financement futur.

S'agissant des fonds d'aide publique plusieurs propositions sont avancées sur la création d'une taxe internationale dont le produit serait affecté au développement et plus particulièrement à la réalisation des objectifs de développement du millénaire. Bien que l'on

---

1. Voir l'estimation du marché potentiel dans la partie II, chapitre 3 : La carte du microcrédit.
2. Estimations du CGAP.

soit loin encore de l'accord sur le principe même de la taxe, suivant la proposition commune du Brésil, du Chili, de l'Espagne et de la France, celle-ci pourrait porter sur les armements ou les transactions financières. Elle aurait pour objet d'assurer une certaine redistribution au niveau planétaire. Son utilisation pour l'extension du microcrédit serait plus que justifiée. À côté de l'aide publique, les subventions privées pourraient jouer un rôle significatif. Les profits souvent colossaux réalisés par les sociétés transnationales donnent lieu à ce que Patrick Viveret [1] appelle le « nouveau trafic des indulgences ». Les fondations créées par George Soros, Ted Turner et Levi's interviennent déjà en matière de microcrédit. D'autres restent à convaincre, notamment en Europe.

Dans le domaine de l'investissement privé, toutes les formes d'appui sont possibles, de la collecte directe de l'épargne de proximité, comme c'est le cas pour les coopératives d'épargne crédit, jusqu'aux fonds d'épargne solidaires et autres fonds d'investissement privé [2], en passant par les lignes de crédit bancaires. Partis dans une logique exclusivement financière, certains comptent attirer l'épargne des riches par des taux de rendement très élevés. Il y a, dès à présent, des fonds de pension américains qui investissent dans des institutions de microcrédit en Amérique latine, avec des rendements défiant toute concurrence. Je pense, que, dans ce domaine aussi, il faut raison garder. On peut spéculer sur des opérations virtuelles générant un

---

1. Patrick Viveret, « La violence de l'argent » in *L'argent*, Semaines sociales de France.
2. Comme le fonds de microfinance Dexia Asset Management, géré avec l'appui de la société de conseil Blue Orchard.

profit rapide ou préférer financer le développement réel à long terme. On peut utiliser l'argent en tant qu'unité de compte et moyen d'échange ou en faire un instrument de domination et de violence. On peut aussi employer le crédit, « cet agile substitut de l'argent », suivant le mot de Fernand Braudel, pour créer des richesses au profit du plus grand nombre, ou, au contraire, pour accroître la fortune de quelques-uns. Mais le choix qui sera fait aura des incidences directes, non seulement sur notre portefeuille, mais aussi sur le monde dans lequel nous vivons et sur l'avenir de nos enfants.

Aussi, pour ne pas amputer la microfinance de son message de solidarité, je ne vais pas plaider pour une politique de profit qui lui fasse perdre son âme. Il est important que le microcrédit couvre ses coûts, pour pouvoir assurer, en toute indépendance, la continuité du service apporté à ses clients. Il n'est pas nécessaire qu'il apporte aux financeurs un gain exceptionnel, en plus d'une rémunération normale et de la satisfaction d'une action socialement responsable. De même qu'il n'est pas juste de réduire les pauvres en les considérant comme des incapables, il ne faut pas voir en ceux qui possèdent la richesse des « borgnes d'esprit »[1], mus par le seul appât du gain.

Les banques elles-mêmes détiennent plusieurs pistes de solution. Le développement de la sphère financière leur apporte des profits immenses. On peut imaginer qu'une partie limitée de ces profits alimente un système de péréquation au bénéfice des clients les

---

1. Expression de Dante, *La Divine Comédie*.

plus démunis. C'est une action citoyenne, mais c'est en même temps un investissement pour l'avenir. Cette péréquation pourrait se faire soit au sein des banques elles-mêmes soit au sein de la profession bancaire dans son ensemble. Si une partie des établissements ne se sentent pas préparés à intervenir auprès d'un public, qu'ils connaissent mal, rien ne les empêche de le faire, comme c'est le cas aux États-Unis, au Brésil ou en France à travers des institutions spécialisées. Si le mouvement ne se fait pas spontanément, il est probable que les gouvernements, encouragés par l'opinion publique sensibilisée au problème et par des exemples internationaux qui se multiplient, interviennent pour imposer une ouverture croissante du secteur financier à tous les acteurs économiques. On a vu, en France, à quel point les dispositifs légaux sur le droit au compte sont difficiles à imposer, mais les mentalités évoluent et le vent de l'histoire est en train de changer de sens.

4.

La révolution des esprits

« Rien en ce monde n'est aussi fort
qu'une idée dont l'heure est arrivée. »
Victor Hugo

Une opinion publique à convertir

La rapidité d'adaptation des banques, des institutions de microfinance et de leur environnement institutionnel dépend pour partie de l'évolution de l'opinion publique dans différents pays. Cette opinion est formée par des éléments contradictoires : l'effet rémanent des modèles anciens, le discours dominant des clercs, mais aussi la force de démonstration concrète et les conditions historiques qui imposent des choix nouveaux.

Dans le domaine de l'économie, une piste de réflexion semble particulièrement intéressante à explorer : celle des biens communs. En théorie économique, un bien commun se définit par trois critères : sa consommation n'est pas rivale, son usage par une personne n'exclut pas son usage par une autre personne et son coût n'est pas entièrement internalisé, c'est-à-dire inclus dans le coût de production et le prix de vente. Le crédit se trouve à la frontière du bien privé et du bien public. Bien privé, car il est lié au capital par la réglementation bancaire qui établit un ratio entre les fonds propres de l'institution et le montant du crédit qu'elle peut distribuer et que ce capital appartient aux actionnaires. Bien commun, car le crédit est un facteur de production dont les externalités sont particulièrement importantes.

Le concept de bien commun, utilisé depuis longtemps par les économistes, trouve également son application au niveau de l'économie mondiale. Beaucoup de ces biens, en effet, sont communs à l'humanité tout entière et leur traitement doit se faire de façon solidaire par les pays en développement et les pays industrialisés. Jean-Michel Séverino, Directeur général de l'AFD, compte parmi les principaux champs d'application du concept les marchés financiers, les marchés des biens déficients, mais aussi la gouvernance mondiale, la sécurité, la paix et les inégalités[1]. Il est assez évident que la microfinance y trouve sa place. De même que la pollution traverse les frontières et a des externalités négatives pour les pays voisins, le microcrédit a des externalités positives au-delà du pays où il est pratiqué, en limitant l'émigration et en favorisant les échanges plutôt que les

---

1. Jean-Michel Séverino, « Refonder l'aide au développement » in *Critique internationale*, janvier 2001.

conflits. « La banque est au cœur de l'économie », disait un slogan des banques françaises des années 80. C'était un slogan juste. Le crédit irrigue le tissu économique. En permettant à chacun de se projeter dans l'avenir il est, par essence, un instrument du développement. Sans mettre en cause la distribution actuelle des biens, ni s'attaquer au principe de la propriété privée, il élargit la distribution future de la richesse au sein de la société. L'attribution d'un prêt à un riche ne prive pas, en soi, le pauvre de l'accès au crédit, mais l'exclusion des pauvres du crédit productif accentue le dualisme économique en rendant les riches plus riches et en ne donnant pas aux pauvres la chance de sortir de la pauvreté. La destruction de l'environnement est une menace pour l'avenir de notre planète. Mais la pauvreté et l'exclusion sont une plaie du corps social lui-même, une menace de gangrène à court terme. Décrivant la société française à la veille de la Révolution, Paul Valéry disait : « Le corps social perd tout doucement son lendemain. » Nous en sommes aujourd'hui exactement à ce même point.

Comme d'autres biens communs, le microcrédit est l'objet d'une défaillance du marché et ses externalités positives vont bien au-delà de l'emprunteur direct en contribuant à la croissance économique et à la cohésion sociale, ainsi qu'au mieux-être des générations suivantes.

De nombreuses voix réclament le droit au crédit pour tous. Il serait plus exact de dire « l'accès au crédit », car si personne ne devrait en être exclu par principe, l'existence même du crédit et de la dette qu'il impose à l'emprunteur suppose la limitation du risque et donc la possibilité de refus du prêt. En attendant le Copernic de l'économie qui serait capable de concevoir un modèle de raisonnement, plus proche de la réalité, qui ne se limite pas à la seule économie de marché, il pourrait être intéressant de revenir à l'idée de la taxe de Pigou [1], qui proposa, en 1920, d'internaliser les coûts et les bénéfices externes dans le prix du marché des biens ou des services, ce qui devait permettre aux consommateurs de prendre leurs décisions en toute connaissance de cause. Pour reprendre le même exemple, le coût de la pollution serait intégré dans le prix, en tant qu'externalité négative, mais dans le cas d'une externalité positive – celle du microcrédit – la taxe serait négative, c'est-à-dire correspondrait à une subvention, tout au moins jusqu'à ce que le système trouve son équilibre financier. L'intégration du microcrédit parmi les biens communs planétaires, reconnaissant, par ailleurs, sa face de bien privé, constituerait une incitation pour les gouvernements et pour les banques à chercher systématiquement des voies pour ouvrir le secteur financier à tous les citoyens.

Il y aurait un autre intérêt à une telle approche. Les deux façons de plaider la cause du microcrédit ont consisté jusqu'à présent soit à le lier à la lutte contre la pauvreté, soit à démontrer son intérêt commercial. Ni l'une ni l'autre ne sont pleinement satisfaisantes. La lutte contre la pauvreté fait appel à des sentiments de générosité et de pitié de l'opinion publique dont l'appui est nécessaire aux institutions d'aide, mais rien n'est plus instable qu'un sentiment.

---

1. Arthur C. Pigou, économiste anglais du début du XXᵉ siècle.

L'intérêt commercial consiste à tenir aux banquiers le langage du profit en s'inspirant des conseils d'Adam Smith : « Ce n'est pas de la bienveillance du boucher, du marchand de bière ou du boulanger, que nous attendons notre dîner, mais bien du soin qu'ils apportent à leur intérêt. Nous ne nous adressons pas à leur humanité mais à leur égoïsme », mais cela risque de ne pas être suffisant pour entraîner les banques sur un terrain nouveau. L'objectif n'est pas de tenir des langages différents en fonction de l'intérêt et du mode de penser de chacun, mais de casser les murs qui séparent les uns des autres et parfois ceux qui isolent dans l'esprit des individus la sphère professionnelle de la sphère morale. En ne tenant que l'un ou l'autre de ces langages, on amputerait le microcrédit, de ce qui fait sa singularité et sa force : la combinaison du social et du financier. C'est cette combinaison qui me paraît l'antidote le plus sûr contre les poisons d'un capitalisme débridé et les dérives d'un État providence qui a perdu ses repères. La bulle financière d'un côté, la bulle de l'aide sociale de l'autre, traduisent le dysfonctionnement du capital et du travail. Aussi, la justification économique par l'approche de bien commun qui, après tout, n'est qu'une autre façon de nommer l'intérêt général, me paraît la plus satisfaisante. Elle n'exclut ni la générosité, ni l'intérêt privé – l'un et l'autre ont leur importance – mais elle crée une plate-forme commune de rationalité économique, qui représente plus que l'addition des intérêts individuels et plus que la somme des bons sentiments.

Convertir l'opinion publique à une telle approche semble difficile, quasi impossible à une époque où, sous la pression des événements souvent artificiellement gonflés, celle-ci a plutôt tendance à suivre des effets de mode, à changer de préoccupation tous les jours ou toutes les semaines. Cette instabilité n'a cependant de signification qu'à court terme. Elle n'est que l'écume des vagues. L'histoire montre que l'évolution de la pensée collective se fait sur des périodes plus longues et que cette évolution suit souvent un schéma dialectique. Peut-on espérer que la prochaine étape sera celle où les enseignements tirés des excès du capitalisme et de ceux du communisme se mêlent au bénéfice d'une économie de marché à caractère social ? Nul ne peut répondre à cette question, mais le fait est que l'opinion publique, dans son ensemble, paraît de plus en plus sensible à l'intérêt général. Nous vivons dans un monde où le pouvoir de l'État s'est amoindri, où son action est contestée, où les démocraties souffrent d'une sorte de langueur due à la substitution de l'image à l'action réelle et de la préférence donnée par les hommes politiques à leur maintien au pouvoir, plutôt, qu'à des réformes indispensables. Les citoyens savent bien qu'ils ont un rôle fondamental à jouer pour peser dans le sens de l'intérêt commun, en se préoccupant des vrais problèmes, plutôt que de clivages dépassés entre la gauche et la droite.

Aucun système ne peut marcher sans contrepouvoir. Depuis l'effondrement du communisme, ce contrepouvoir n'est plus extérieur au monde capitaliste. Il ne peut être trouvé que dans ce monde lui-même auprès des citoyens, travailleurs, consommateurs, actionnaires, soutenus par des collectivités locales proches de leurs électeurs, des syndicats et des associations qui défendent l'intérêt commun contre le profit de quelques-uns.

Dans ce monde nouveau, l'enjeu n'est pas de transformer les passions en intérêts comme l'ont cru pendant longtemps de grands moralistes. Il est de mettre les passions et les intérêts au bénéfice de tous pour transformer une société d'exclusion ou de protection passive en une société d'emploi, d'initiative et de solidarité.

L'alliance avec les entreprises socialement responsables

Dans le jeu de contrepoids nécessaire au bon fonctionnement du capitalisme, le rôle des entreprises socialement responsables me paraît particulièrement important. Le concept est né du constat que les performances financières à court terme ne sont pas un critère suffisant pour mesurer le succès d'une entreprise. Dans une optique de développement durable, celle-ci doit être jugée également sur son impact social ou sociétal et sur son impact environnemental. D'où l'idée de ce que les Anglo-Saxons appellent la « triple bottom line », qui permet de fonder l'appréciation d'une entreprise sur ces trois types de critères.

Le concept d'entreprise socialement responsable a émergé au moment où l'économie étatique disparaissait dans le tourbillon provoqué par la chute du communisme. La pensée humaine ne fait que brasser les mêmes idées qui s'assemblent et se combinent dans le grand kaléidoscope de l'histoire. Aussi les entreprises socialement responsables sont, sans doute, le résultat d'une fertilisation croisée entre les principes de l'économie de marché donnant la prééminence au capital et celle de l'économie sociale qui reconnaît celle de l'homme. L'investissement socialement responsable représente, aujourd'hui, entre 1 250 et 2 300 milliards d'euros, une très petite part des encours de gestion collective au niveau mondial. Dans les pays où les statistiques sont disponibles cela correspond à 0,5 % à 1 % de ces encours [1]. Si les États-Unis sont largement en tête avec 68 % des encours mondiaux, la vague de l'investissement socialement responsable se propage en Europe. Mais le plus important est la croissance très rapide de ce marché. Les fonds institutionnels restent majoritaires, mais le nombre de fonds dédiés aux grand public s'est accru de 25 %, en Europe, depuis 2000, tandis que l'encours montait de 10 %. Pour la France, les encours ont été multipliés par 15 entre 1997 et 2004 et atteignent aujourd'hui 312 milliards d'euros. Pendant la même période, le nombre de fonds est passé de 15 à 170 [2].

La finance socialement responsable se développe pour des raisons multiples, dont la plus fondamentale est sans doute que les performances des entreprises, qui prennent en compte les impacts sociétaux et environnementaux, sont aussi bonnes, sinon meilleures que la moyenne. Les épargnants et les investisseurs

---

1. Cette évaluation est très approximative, par suite, notamment, des définitions hétérogènes des ISR. La différence entre les deux chiffres correspond aux fonds américains excluant les entreprises produisant ou commercialisant le tabac et l'alcool.
2. Source : www.frenchsif.org, le site du Forum pour l'Investissement responsable, association à but non lucratif regroupant l'ensemble des acteurs concernés (investisseurs, sociétés de gestion, syndicats). Pour les données France : www.isr-info.com

peuvent ainsi obtenir un retour sur l'investissement satisfaisant, tout en respectant des principes éthiques de base auxquels ils sont sensibles. L'image de l'entreprise est plus positive auprès des consommateurs, comme auprès de son propre personnel, ce qui peut à la fois accroître le chiffre d'affaires et faciliter la gestion des ressources humaines. La responsabilité sociale de l'entreprise devient ainsi un élément fondamental de sa compétitivité. « L'éthique fait vendre », disait le patron d'une grande banque espagnole, ce qui prouve à quel point on est arrivé à rapprocher les choix éthiques et les intérêts. Encore un effort et l'on arrivera peut-être, en sens inverse, à transformer les intérêts en comportements éthiques !

Les deux concepts d'entreprise socialement responsable et de microfinance solidaire se rejoignent. Ensemble, ils introduisent dans les décisions d'investissement des critères qui ne sont pas exclusivement financiers afin de favoriser un développement économique harmonieux et durable, fondé sur la cohésion sociale. Une entreprise socialement responsable, qui délocalise ses activités pour faire face à la concurrence, ou qui détruit des emplois correspondant à un modèle ancien – ce qui fut le cas de la grande distribution par rapport aux petits commerçants –, a la responsabilité d'aider la création d'emplois nouveaux. Elle y a aussi intérêt, car en même temps elle renforce la base de sa clientèle. Si, dans le cadre de notre modèle dominant, les entreprises qui procèdent à « un plan social » sont habituées à soutenir la recherche d'emplois salariés pour le personnel licencié, elles pensent rarement à soutenir la création d'entreprises nouvelles. Or, l'expérience le prouve, l'interruption d'une carrière professionnelle, quelle qu'elle soit, est souvent l'occasion de refaire sa vie autrement, en revenant à des voies depuis longtemps abandonnées. Même si une petite partie seulement des personnes concernées est prête à prendre le risque, elle mérite d'être soutenue. Aux États-Unis, le « Community financing » est déjà un des piliers de l'investissement socialement responsable. Il reste à le développer en Europe, en introduisant explicitement la microfinance dans les critères de notation de ce type d'nvestissement.

La mobilisation des citoyens

On a cru longtemps, sous l'influence de l'idéologie marxiste, que la prise en charge par l'État d'une part croissante des responsabilités économiques était une avancée incontestable sur la voie de l'égalité des citoyens. La dérive des pays communistes a démontré, une fois de plus, qu'il n'y a pas de solution satisfaisante, en dehors du juste milieu. Simone Weil avait raison de contrer toujours « le gros animal » de Platon [1].

Parmi les effets pervers du « tout État », entraînant des prélèvements obligatoires excessifs, l'on peut compter le désengagement des citoyens de l'action publique, et donc une diminution de la démocratie participative. Ce désengagement est particulièrement

---

1. Simone Weil, *La pesanteur et la grâce*, Plon, 1948.
Dans *La République* de Platon, adorer « le gros animal » c'est penser et agir, conformément aux préjugés de la foule, au détriment de toute recherche personnelle de la vérité et du bien.

grave dans le domaine de la lutte contre l'exclusion. Si son rôle est indispensable pour assurer la protection sociale, l'État, par nature trop lointain, ne peut l'assurer à lui tout seul. Une fois de plus, le concept global occulte la diversité des situations individuelles, le besoin d'une écoute personnelle des personnes en difficulté, d'une solidarité humaine et pas seulement administrative.

Aussi, en matière de microcrédit dans les pays industriels, le véritable enjeu n'est pas seulement d'apporter un financement. Il est aussi de créer un réseau autour de ceux qui tentent de se réinsérer par la création de leur propre emploi. « Ne pas avoir une seule personne à qui parler, qui ne soit payée pour m'écouter [1] », est un constat terrible, pour une société qui se prétend solidaire. La possibilité d'être reconnu, de communiquer avec quelqu'un sur un pied d'égalité et non pas de dépendance, permet aux laissés-pour-compte de l'économie de marché de se libérer du sentiment d'échec et de culpabilité. Un appui arrivé au bon moment, et pas trois mois après, lorsque l'administration a fini de mouliner le dossier, peut avoir souvent un effet déterminant pour l'insertion. On ne s'affranchit pas du devoir de « fraternité » en en transférant la responsabilité à l'État.

De même, la solidarité à l'égard du tiers-monde ne peut se traduire uniquement par des contributions occasionnelles, ayant pour effet principal de donner bonne conscience aux donateurs. On ne peut se

---

1. Paroles d'une personne en pauvreté chronique notées par ATD Quart Monde in *La Pauvreté en Europe, Futuribles*, octobre 2003.

dédouaner des politiques qui préservent nos privilèges et enfoncent les pays du Sud dans la misère, en donnant l'aumône. Les citoyens doivent peser de tout leur poids sur les politiques de leur propre pays, pour limiter leurs effets néfastes sur le développement du Sud. Ce développement correspond à leur intérêt, qu'il s'agisse de ralentir les flux migratoires, d'ouvrir des marchés nouveaux pour leurs entreprises, ou de prévenir des conflits futurs.

Chaque époque a ses peurs. Notre société en est transie. Peur du chômage, de la vieillesse et de la mort, peur de la mondialisation et du terrorisme, peur de perdre la protection sociale et la sécurité du quotidien. Ce sentiment est le résultat d'un double phénomène. D'une part, l'affaiblissement de la responsabilité individuelle et de la capacité de prise de risque est le résultat inévitable d'une économie sur-réglementée et d'une société, pour partie, surprotégée. Ce n'est pas en renforçant les protections en tout genre, mais en développant la capacité de défense des individus, que l'on peut combattre ce sentiment d'insécurité au niveau individuel. D'autre part, la disparition du lien social, liée à la montée du capitalisme transformant au passage les valeurs, l'organisation sociale et le rôle de l'État, permet à la peur de se propager au sein de la collectivité. Il n'y a que la solidarité des citoyens qui peut l'arrêter.

« Nos sociétés sont devenues moralement schizophrènes, faisant paisiblement coexister la compassion sincère devant la misère du monde et la défense farouche des intérêts acquis », dit Pierre Rosanvallon [1].

---

1. Pierre Rosanvallon, *La Nouvelle Question sociale*, Seuil, 1995.

Ce ne sont pas les discours politiques, mais la renais-
sance du sens civique et l'action concrète au bénéfice
de l'intérêt général qui peuvent nous aider à en sortir.
La mobilisation des citoyens autour du microcrédit, c'est la reconnaissance de l'économie de marché
et le refus d'une société dont le seul fondement soit
le marché. C'est aussi un engagement concret dans la
grande bataille contre l'injustice et l'exclusion, contre
l'amputation des êtres humains de leur liberté de créer
et d'avoir un avenir. Dans *La Divine Comédie*, le poète
descend aux Enfers et rencontre tous ceux qui ont
péché. En passant à côté d'un groupe d'anges déchus,
il demande à son guide qui ils sont. « Des anges qui
ne furent ni rebelles ni fidèles à Dieu, mais furent pour
eux-mêmes, répond le guide. Ne parlons pas d'eux.
Regarde et passe. »

L'ouverture du secteur financier à tous les acteurs
économiques et les actions auprès des gouvernements et
de la société civile qui l'accompagnent sont des démarches complémentaires. Fondées sur les principes de
l'économie de marché, elles ont, toutes, pour but de cor-
riger les excès du capitalisme en favorisant le droit à l'initiative économique, l'égalité des chances, la démocratie
et la paix. Le développement de la microfinance n'est
qu'une contribution parmi d'autres pour assurer la réalisation de ces objectifs. Mais peu d'actions exigeant des
financements publics aussi modestes, dans la mesure où
elles peuvent rapidement s'autofinancer, ont la même
efficacité. L'année 2005, déclarée par l'ONU année
internationale du microcrédit, est une occasion pour
changer de dimension et faire un bond en avant en vue
de démocratiser l'accès aux services financiers.

Conclusion

« L'homme est capable de faire ce qu'il
est incapable d'imaginer. »

René Char

Revenons à l'histoire. Dans *Les Passions et les inté-rêts*, Albert O. Hirschman montre comment les grands penseurs de l'âge précapitaliste ont espéré transformer les passions de l'homme en intérêts dans l'espoir de les pacifier. De Saint Augustin à Montesquieu, en passant par Adam Smith, l'espoir des philosophes et des moralistes a été de créer un monde prévisible et constant, gouverné par l'intérêt. L'histoire du capitalisme montre qu'il n'en a rien été. « Orgueil, envie et cupidité qui enflamment le cœur de l'homme[1] » ont continué à produire les mêmes effets, amplifiés par le rétrécissement de la planète et le progrès technique. Le grand enseignement que l'on peut tirer de l'histoire est que l'homme reste égal à lui-même, capable du

---

1. Dante, *La Divine Comédie*.

meilleur comme du pire. L'argent est, dans toutes les circonstances, allié du pouvoir. Le seul moyen de limiter les dérives de l'un et de l'autre est un système de contrepouvoirs non seulement sur le plan politique, mais aussi sur le plan économique.

En terminant son livre sur *La Dynamique du capitalisme* publié en 1985, Fernand Braudel regrette que « dans le monde capitaliste, comme dans le monde socialiste, on refuse de distinguer capitalisme et économie de marché ». Le capitalisme représente pour lui la zone du haut profit. Il cite Lénine « Le capitalisme, c'est la production marchande à son plus haut degré de développement : des dizaines de milliers de grandes entreprises sont tout, des millions de petites ne sont rien » et il ajoute : « Mais cette vérité évidente dès 1917 est une vieille, très vieille vérité. »

Depuis, l'économie socialiste s'est effondrée. L'alternative de l'économie d'État ne s'est révélée ni juste ni viable. Les socialistes utopistes l'avaient perçu dès le XIXᵉ siècle. Proudhon, adversaire de la propriété privée, voyait pourtant en elle, à la fin de sa vie, une limite nécessaire au pouvoir de l'État. La phrase de Lénine décrit bien le monde d'aujourd'hui. La mondialisation des grands oublie jusqu'à l'existence des petits. Et ce sont pourtant les petits, les invisibles, qui sont l'économie réelle et la société réelle. Depuis l'effondrement de l'économie socialiste, ce sont eux qui sont le seul contrepoids possible à la puissance d'un capitalisme, par essence élitiste, la seule garantie d'une économie de marché donnant une chance à chacun.

Toutes les voies peuvent et doivent être utilisées

pour préserver l'économie de marché et la démocratie. La mondialisation limite le rôle régulateur des États et exige des instances de régulation au niveau de la planète. Le pouvoir des banques et des entreprises transnationales devient excessif, dans la mesure où aucun autre pouvoir ne s'y oppose. L'organisation des citoyens, la force de la société civile, qui interpelle les gouvernements et les organisations internationales, la pression conjointe des travailleurs, des consommateurs, et des actionnaires sur les grandes entreprises deviennent un contrepouvoir possible et nécessaire.

L'objet de ce livre a été de défendre un cap à mi-chemin du socialisme et du libéralisme, à l'image du socialisme dit « utopiste », qui retrouve aujourd'hui toute son actualité. Owen, Saint-Simon, Proudhon ont tous voulu défendre à la fois l'efficacité et la justice, la liberté de l'individu et la solidarité de la société. Ils ont échoué. Soit. Mais ils ont fait plus que de mener des joutes intellectuelles avec les marxistes, leurs adversaires de l'époque : ils ont tenté, chacun à sa façon, de passer à l'acte, ce que peu d'intellectuels savent encore faire aujourd'hui. Il ne s'agit pas de revenir à des modèles anciens ni de croire que l'on peut fermer la parenthèse historique de la société salariale et de la protection qu'elle apportait aux travailleurs, mais de chercher l'inspiration dans une pensée, qui n'avait pas encore amputé le travail de sa dimension de liberté. Si l'on accepte le cap du « socialisme libéral », respectueux de la liberté de l'homme ou du « libéralisme social », attentif à la solidarité de la société, cap qui me paraît le seul possible dans une société qui devient de plus en plus individualiste, l'une des voies pour sauver l'économie de marché des excès du capitalisme est de fractionner le capital et de le mettre à la disposition de tous les acteurs économiques.

Partie d'une équation élémentaire : travail + capital = création de richesses, notre réflexion aboutit à une équation tout aussi simple : confiance + progrès technique = microcrédit. Par progrès technique j'entends celui qui permet de baisser les coûts de gestion des petits crédits, mais aussi celui qui rend possible le développement des petites unités de production reliées, le cas échéant, en réseau. Par confiance, j'entends confiance envers tous les acteurs économiques, y compris envers ceux qui sont invisibles aux yeux de l'opinion publique. Ce que j'ai essayé de plaider, tout au long de ce livre, c'est la nécessité d'un autre regard sur l'homme. Un regard qui reconnaisse l'immense potentiel d'initiative et de créativité de tout être, bridé autant par le manque d'accès au capital, que par des réglementations inappropriées. Ces règles traduisent pour une part des rapports de force entre différents groupes, mais aussi, pour une autre part, non négligeable, une ignorance des peuples par ceux qui les gouvernent. Après Turgot – « Laissez-les faire » – Alain Peyrefitte avait fait de la confiance le facteur clef du développement. C'est une thèse simple et juste car elle ne fait que transposer dans le domaine économique l'évidence psychologique de base, appliquée aussi bien par les parents à l'égard de leurs enfants que par les patrons à l'égard de leurs employés : pour qu'un individu réussisse, il faut qu'il ait confiance en lui, et donc qu'on lui fasse confiance. Une fois ce regard modifié, il est facile de mettre au point des méthodes et des techniques, permettant le développement de la microfinance. Les technologies nouvelles facilitent grandement cette mise au point et accélèrent l'extension du microcrédit dans le monde. Il s'agit, en fin de compte, de réconcilier le commerce de l'argent et celui des hommes, en faisant un pas de plus dans la démocratisation financière. Le premier pas avait été l'invention des pièces de monnaie, qui a permis à tous les hommes de participer à l'économie d'échange. Le crédit est une autre forme de monnaie, gagée sur l'avenir, qui peut être segmentée en petits prêts, pour autant que l'on croie que les pauvres ont le droit, eux aussi, de ne pas vivre dans l'instant présent et pour peu que l'on soit capable de couvrir les coûts du petit crédit. La force et la beauté du microcrédit sont qu'il peut donner à chacun l'opportunité de construire sa vie, de se projeter dans l'avenir et de participer à la création de la richesse.

Lorsque j'ai commencé à m'intéresser au microcrédit, il y a près de vingt ans, il représentait encore une idée confidentielle, qui intéressait peu les décideurs. Le « rêve d'une tête coupée » dirait-on en polonais. Ce côté de « cause perdue », semblable à la charge de la cavalerie polonaise, face aux tanks allemands, m'avait, je l'avoue, séduite. Mais l'idée a été validée par des millions de petits acteurs économiques et des milliers d'institutions de microfinance. Elle est devenue une réalité dont le progrès ne peut plus être arrêté. « La vérité est ce qui résiste à l'épreuve des faits », disait Albert Einstein. Les faits montrent que l'argent et le crédit ne sont ni bons ni mauvais. Il sont ce que nous en faisons. Le développement d'un secteur

financier ouvert à tous n'est ni un problème de ressources, ni un problème de techniques ou de
méthodes. Il est une question de choix et de volonté.
Peut-être est-il temps de chercher un autre équilibre
entre passions, intérêts et bien commun et de s'engager, chacun à son niveau et suivant ses capacités, à
défendre ensemble la planète terre et ses habitants.

Je remercie Francis Bour, Michel Euvrard, Hervé Glasel, Emmanuel Landais et Caroline Tsilikounas pour leur relecture amicale du manuscrit, Maria Faddoul pour l'aide qu'elle m'a apportée dans la recherche de la documentation, Céline Baziret et Geoffroy Lefort pour la réalisation des graphiques.

www.ingramcontent.com/pod-product-compliance
Lightning Source LLC
Chambersburg PA
CBHW061145220326
41599CB00025B/4364